Ausmalen und gestalten ™

Malbuch mit geometrischen
Formen und Mustern
Vol. 3

© 2016 - AZ Media LLC

Ausmalen und gestalten™ ist ein Markenzeichen der AZ Media LLC (USA)

ISBN-13: 978-1726475730
ISBN-10: 1726475735

Die Muster in diesem Buch sind für den persönlichen Gebrauch des Lesers vorgesehen und dürfen, außer um die Ausmalungen des Nutzers zu präsentieren, nicht reproduziert werden. Jegliche andere Nutzung, besonders die kommerzielle Nutzung, ist ohne schriftliche Erlaubnis des Urheberrechtsinhabers gesetzlich verboten.

All Rights reserved.

Testseite für Ihre Stifte

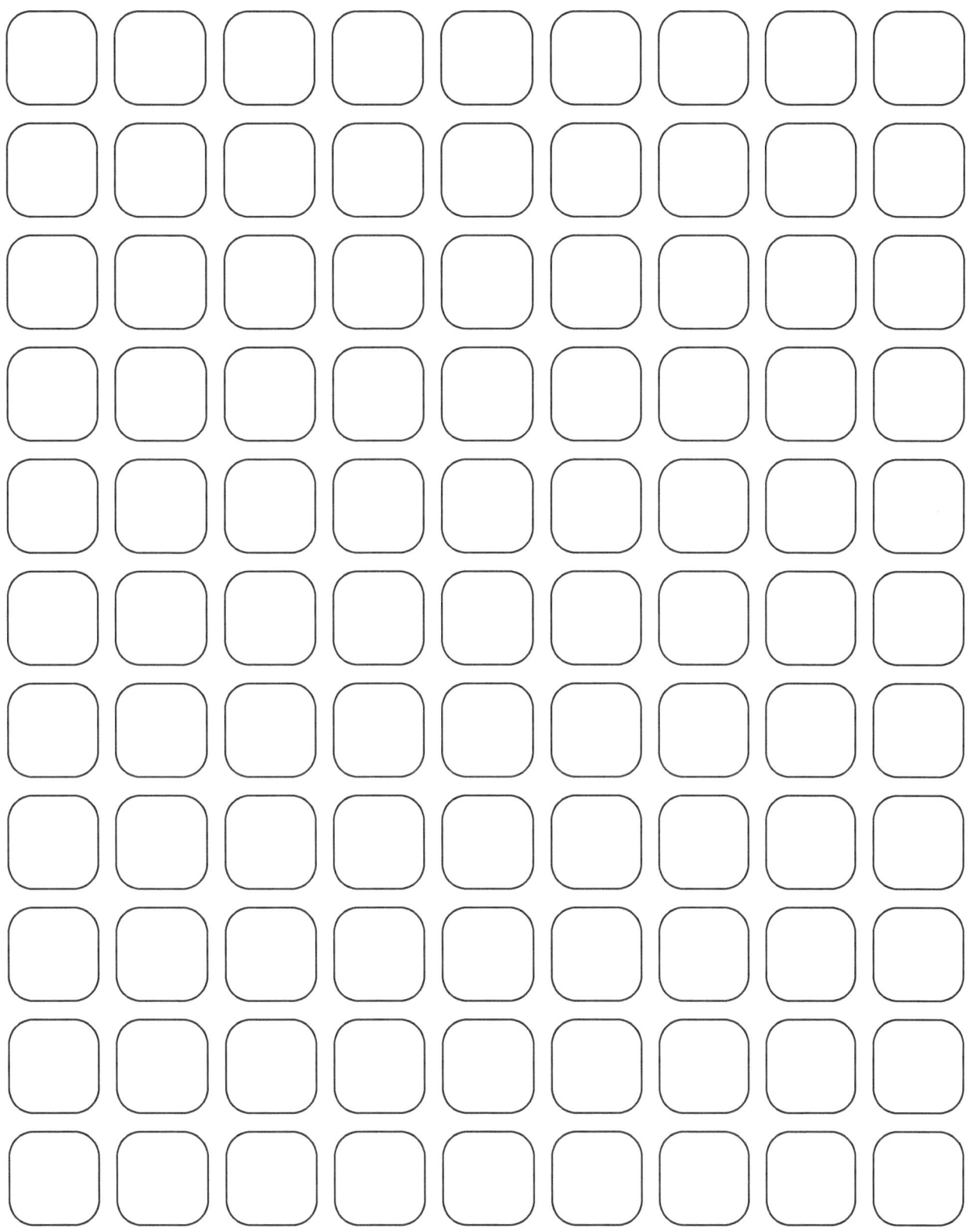

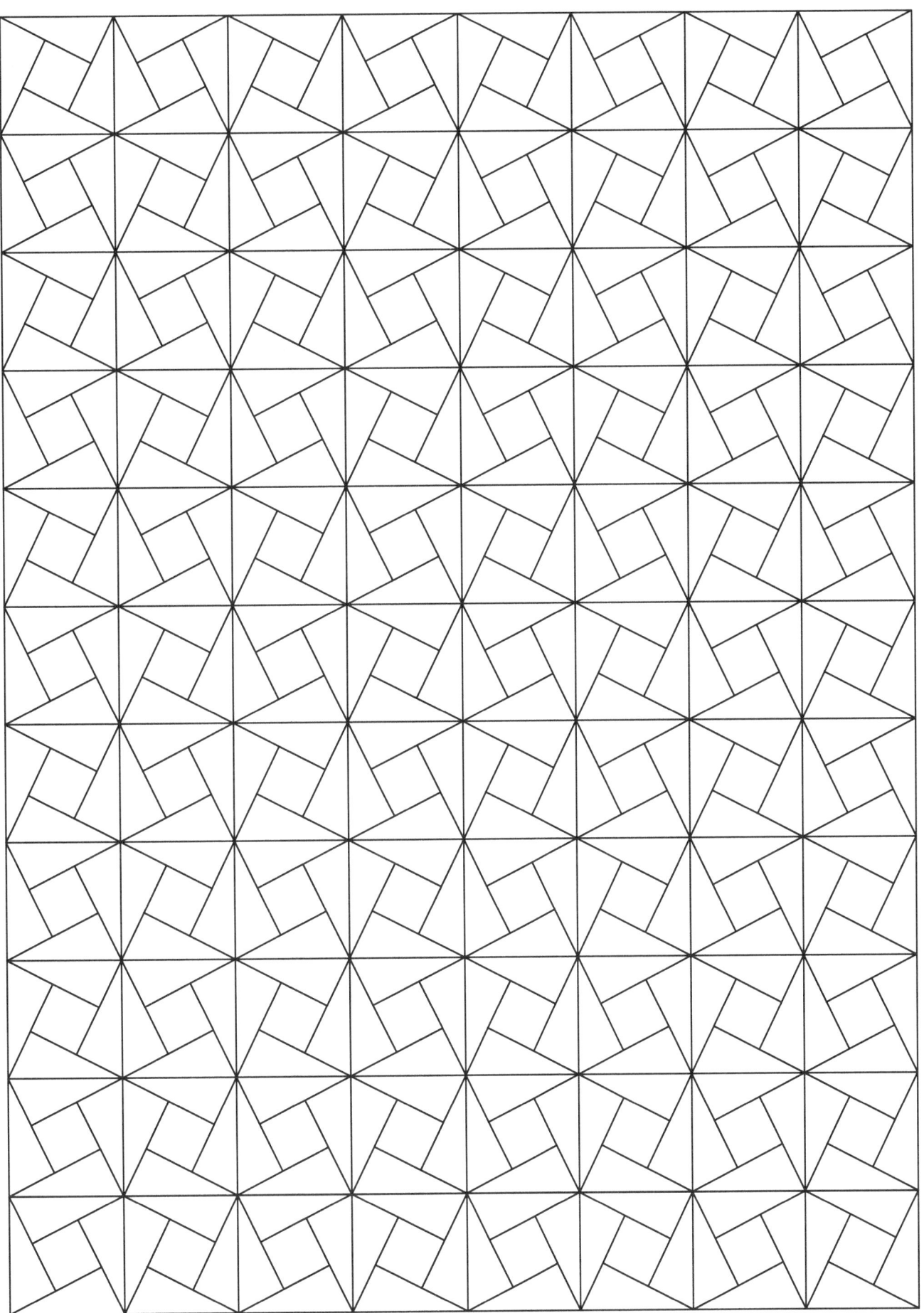

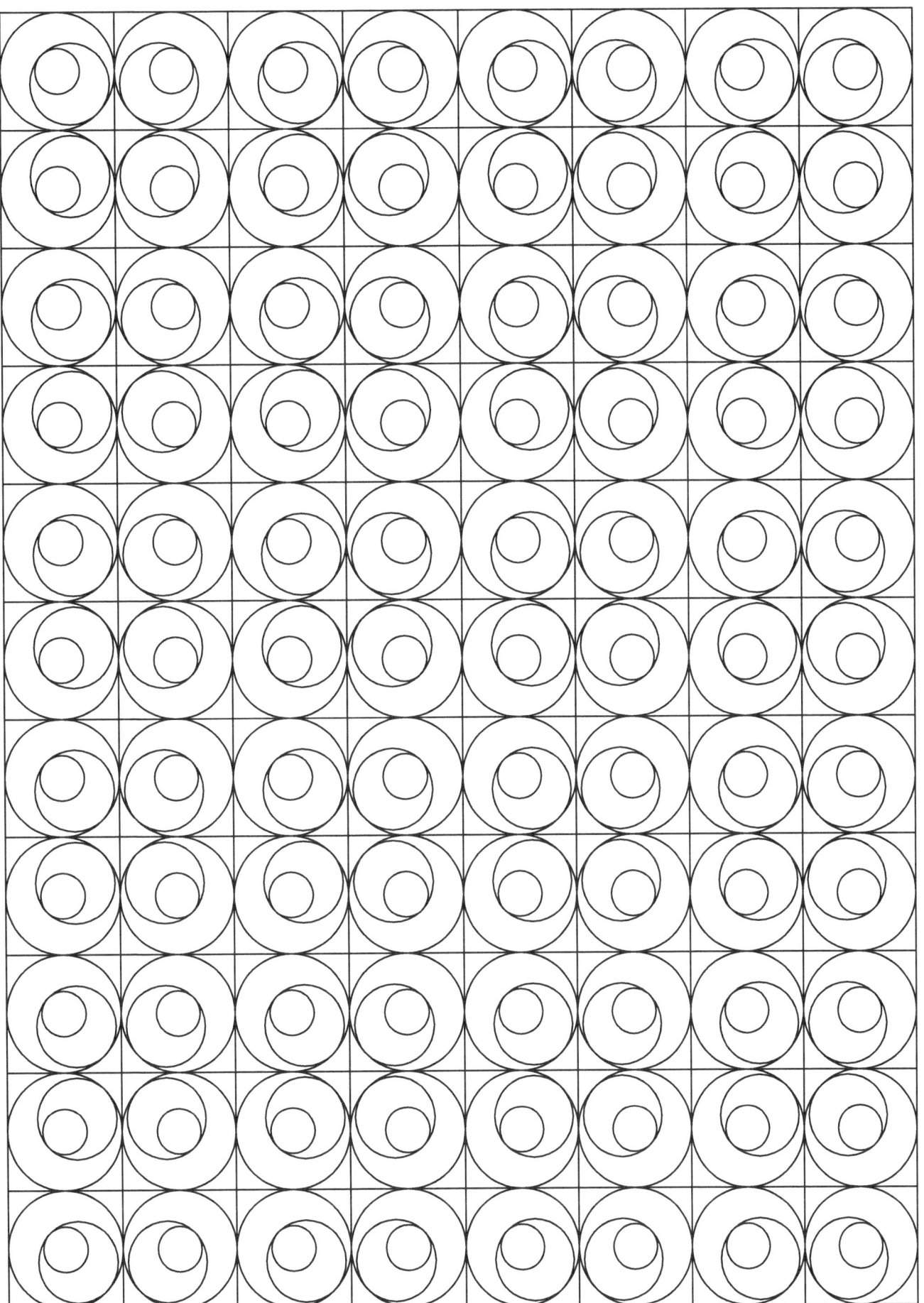

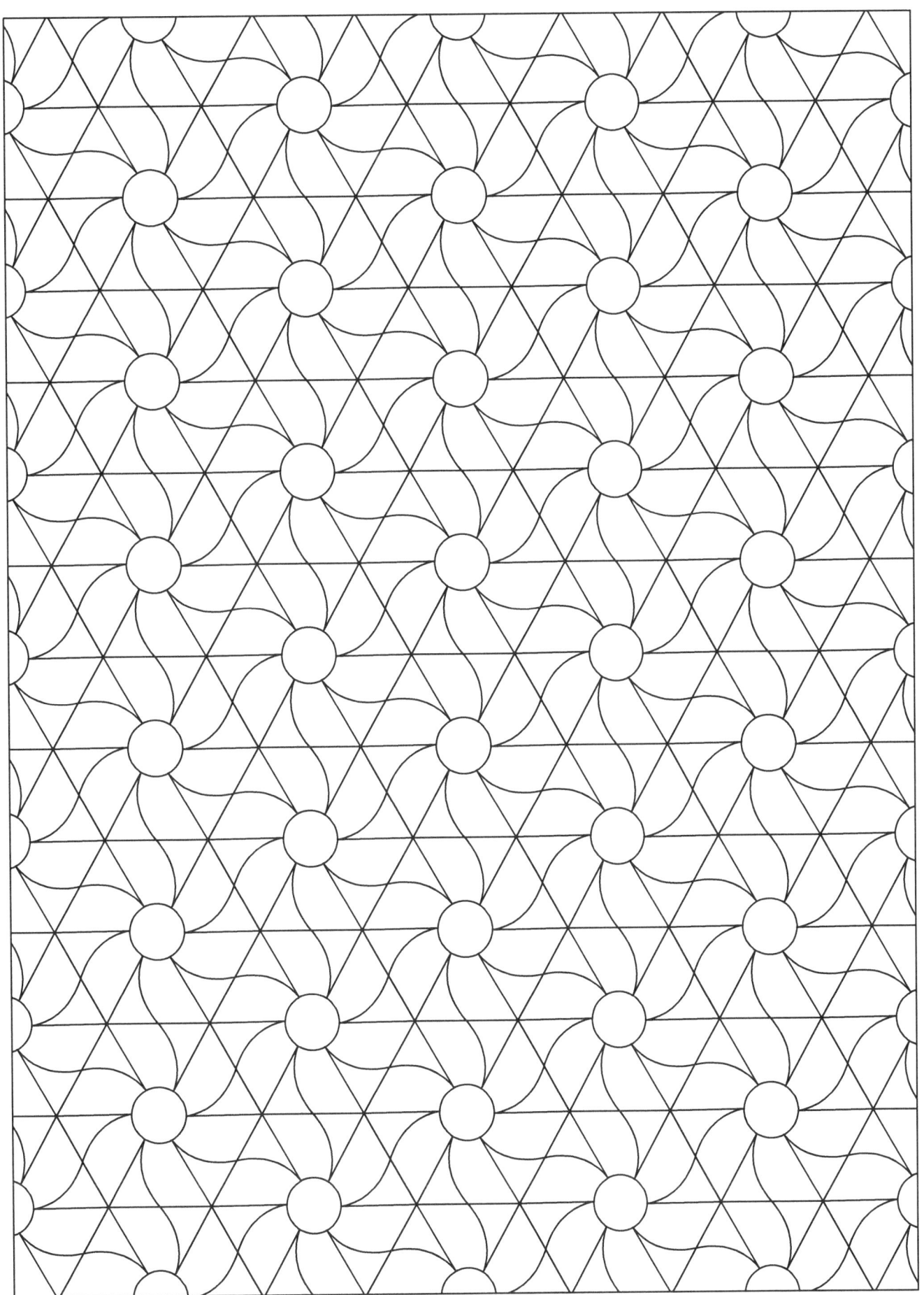

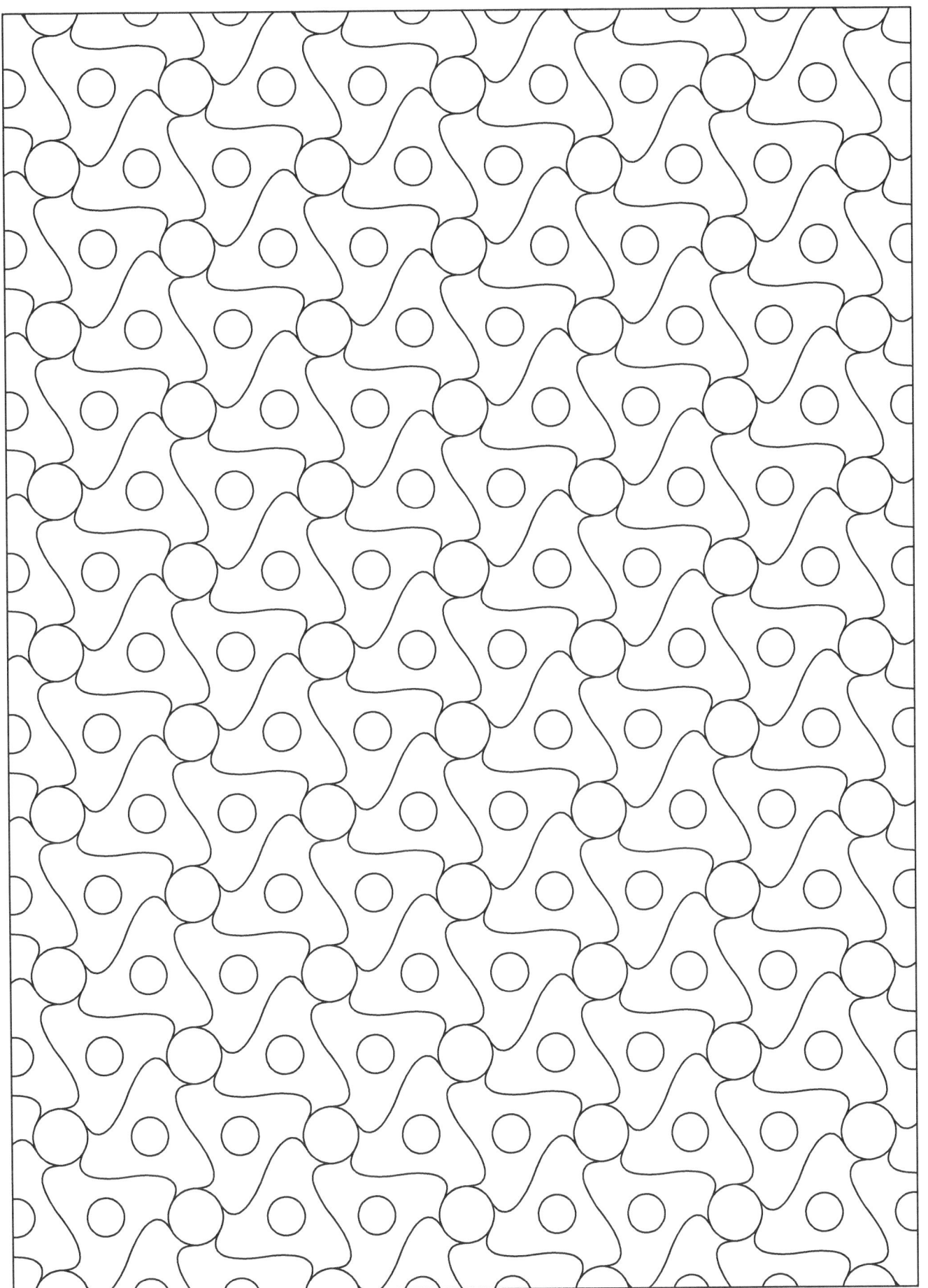

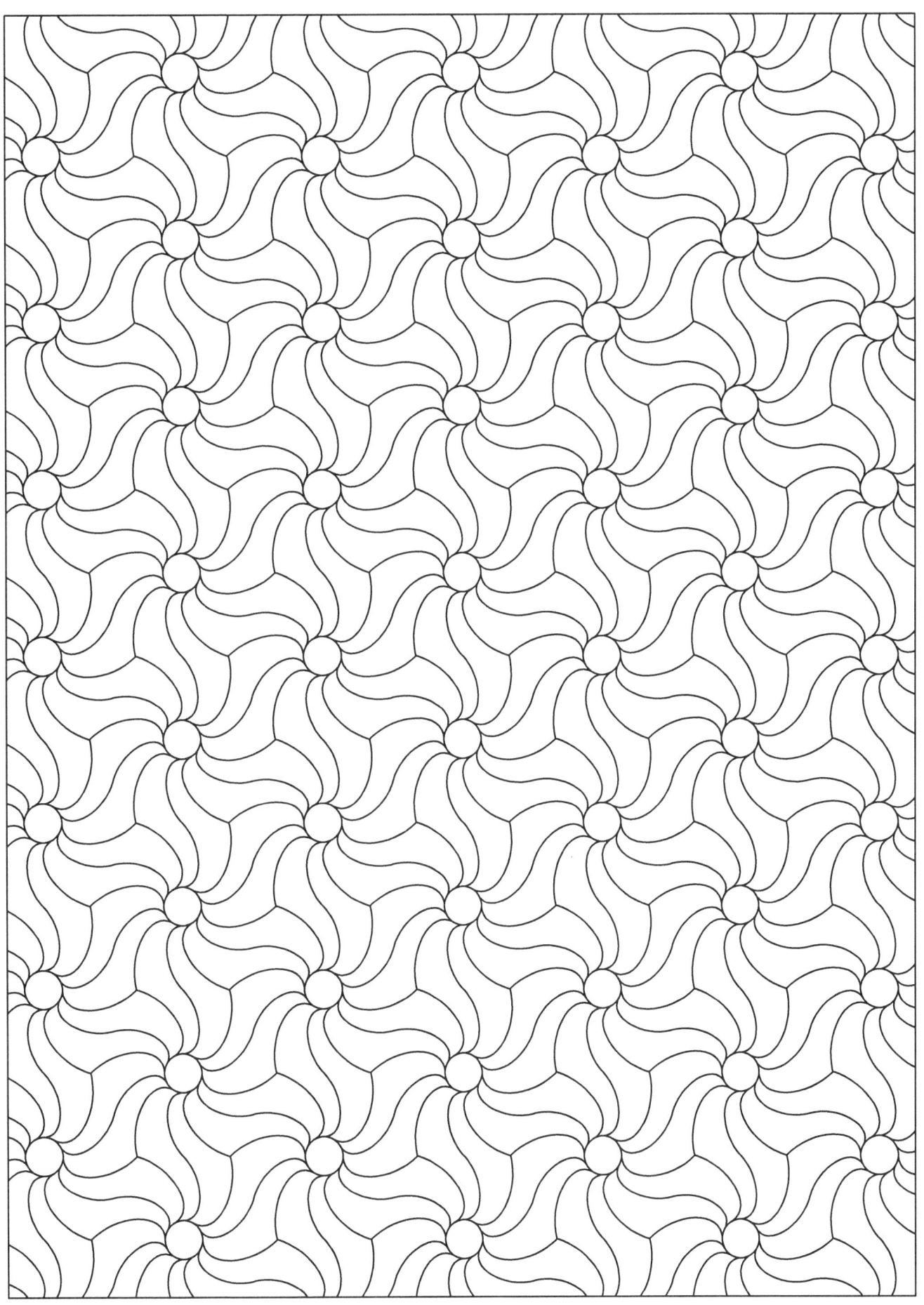

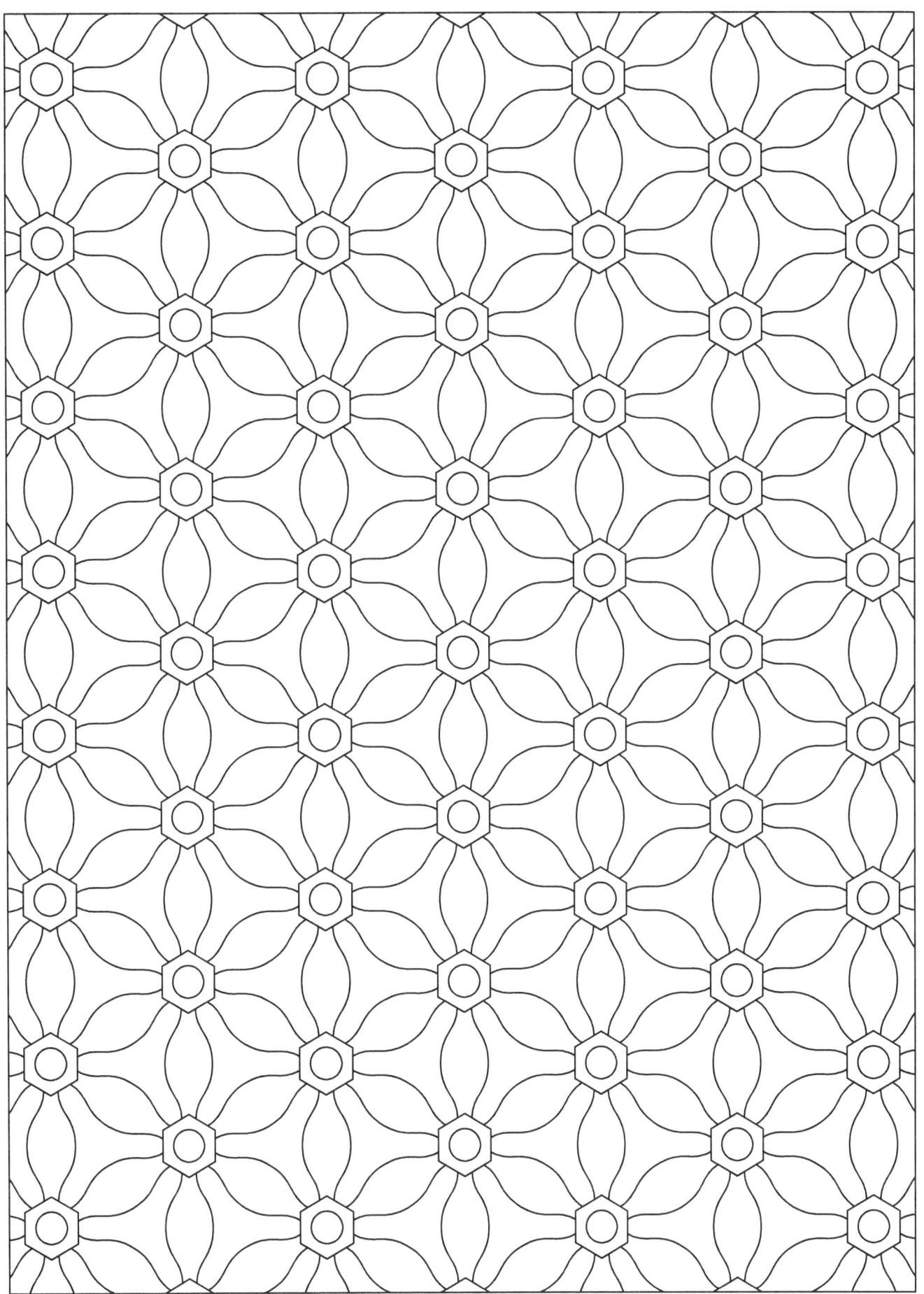

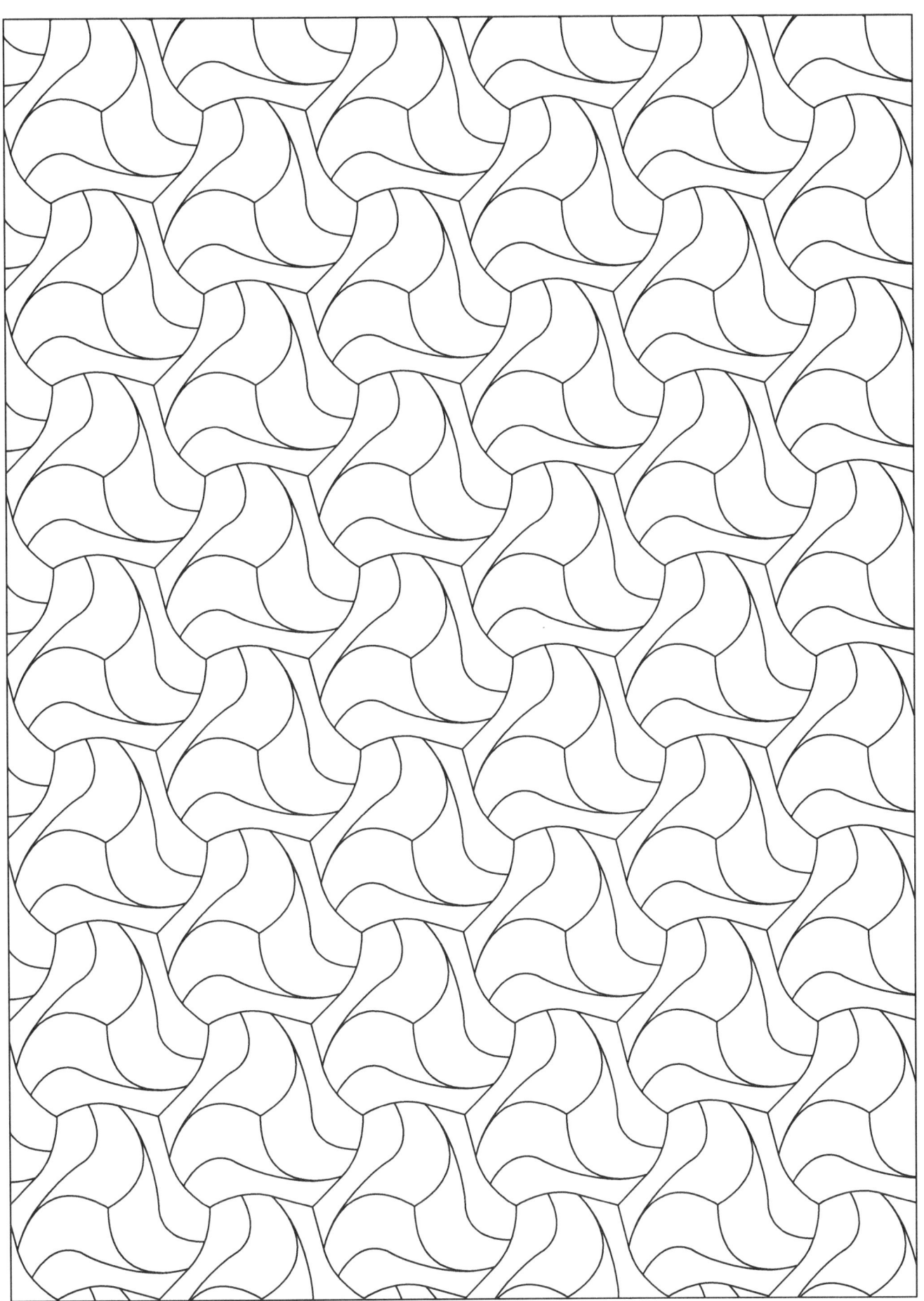

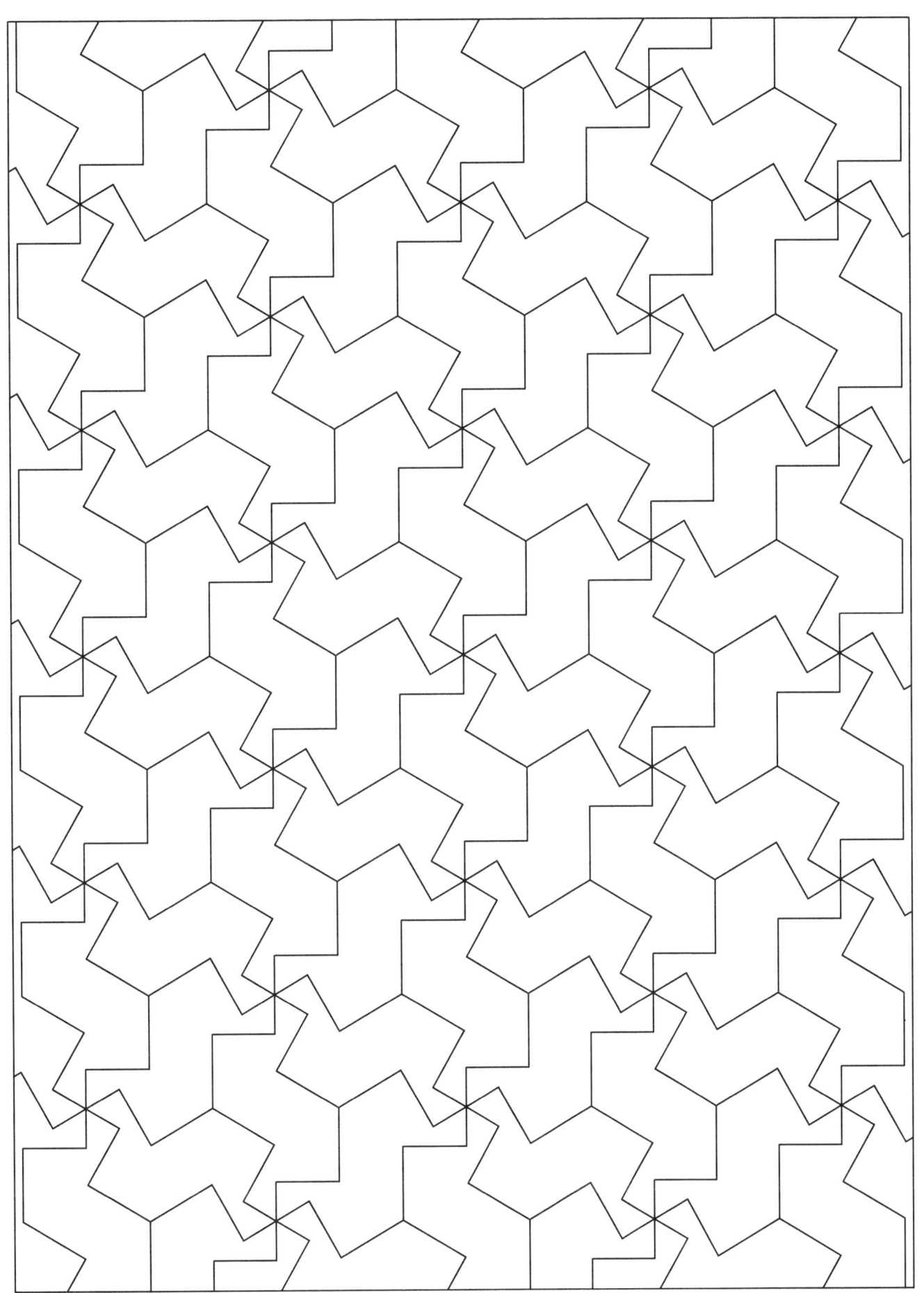

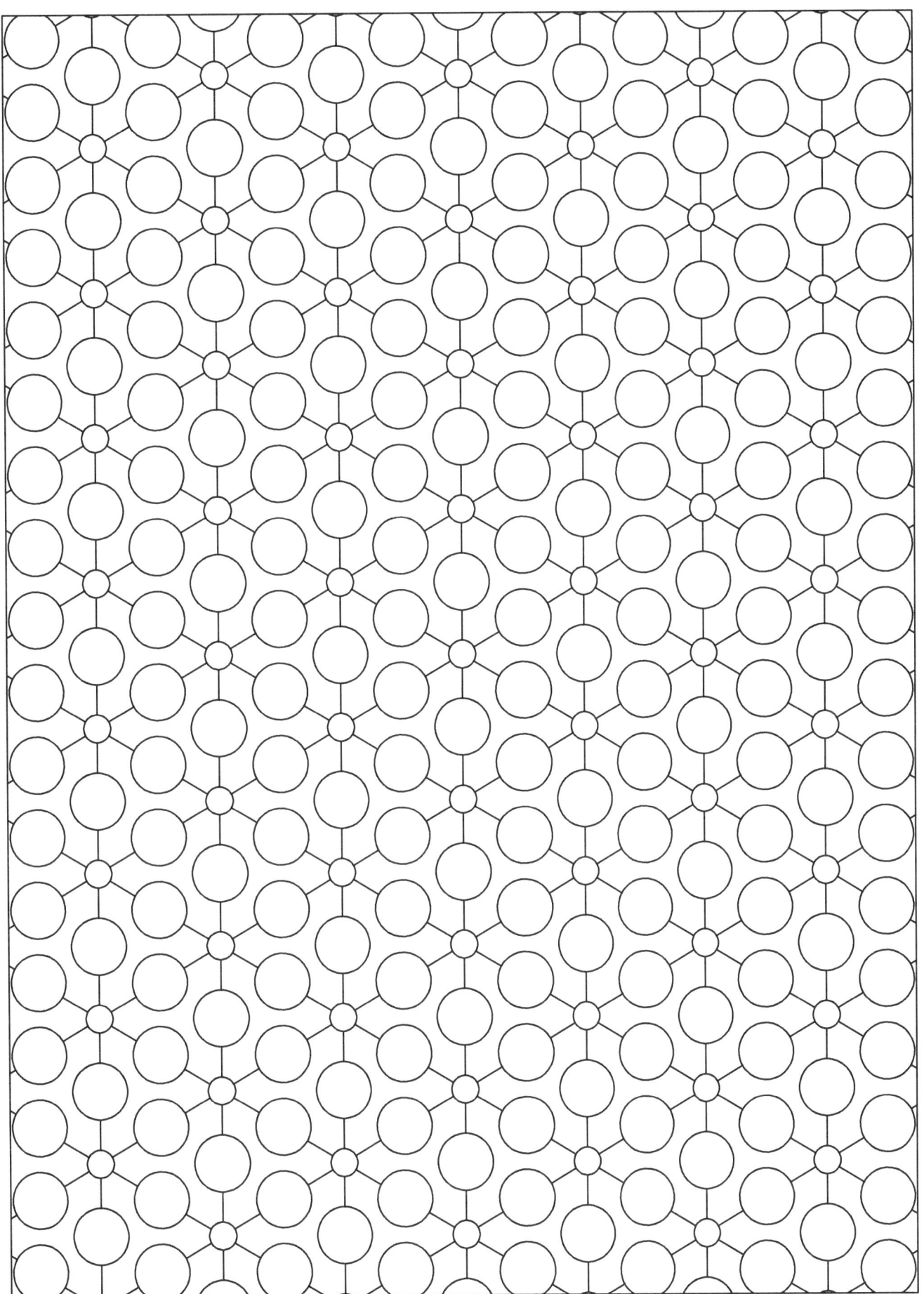

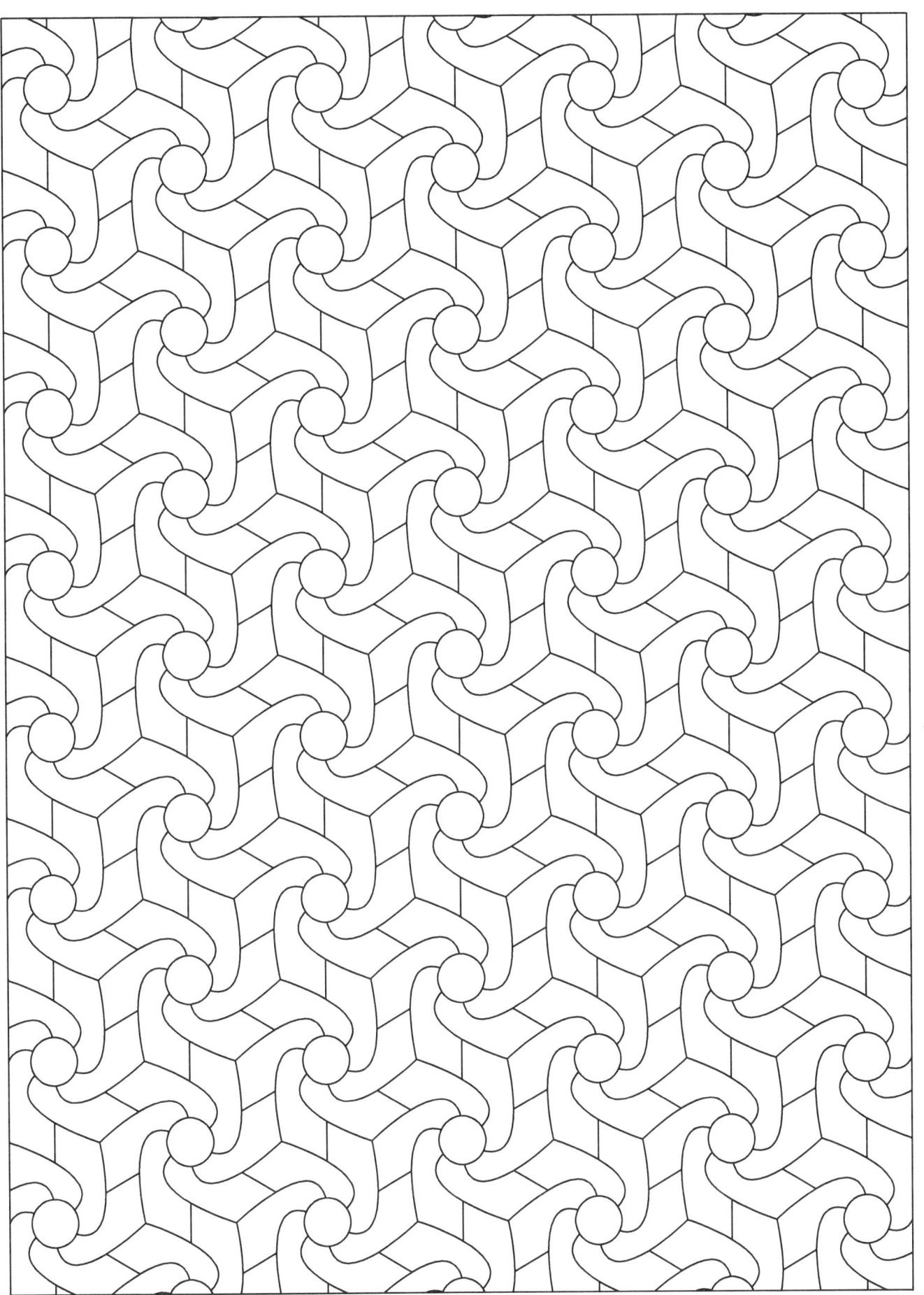

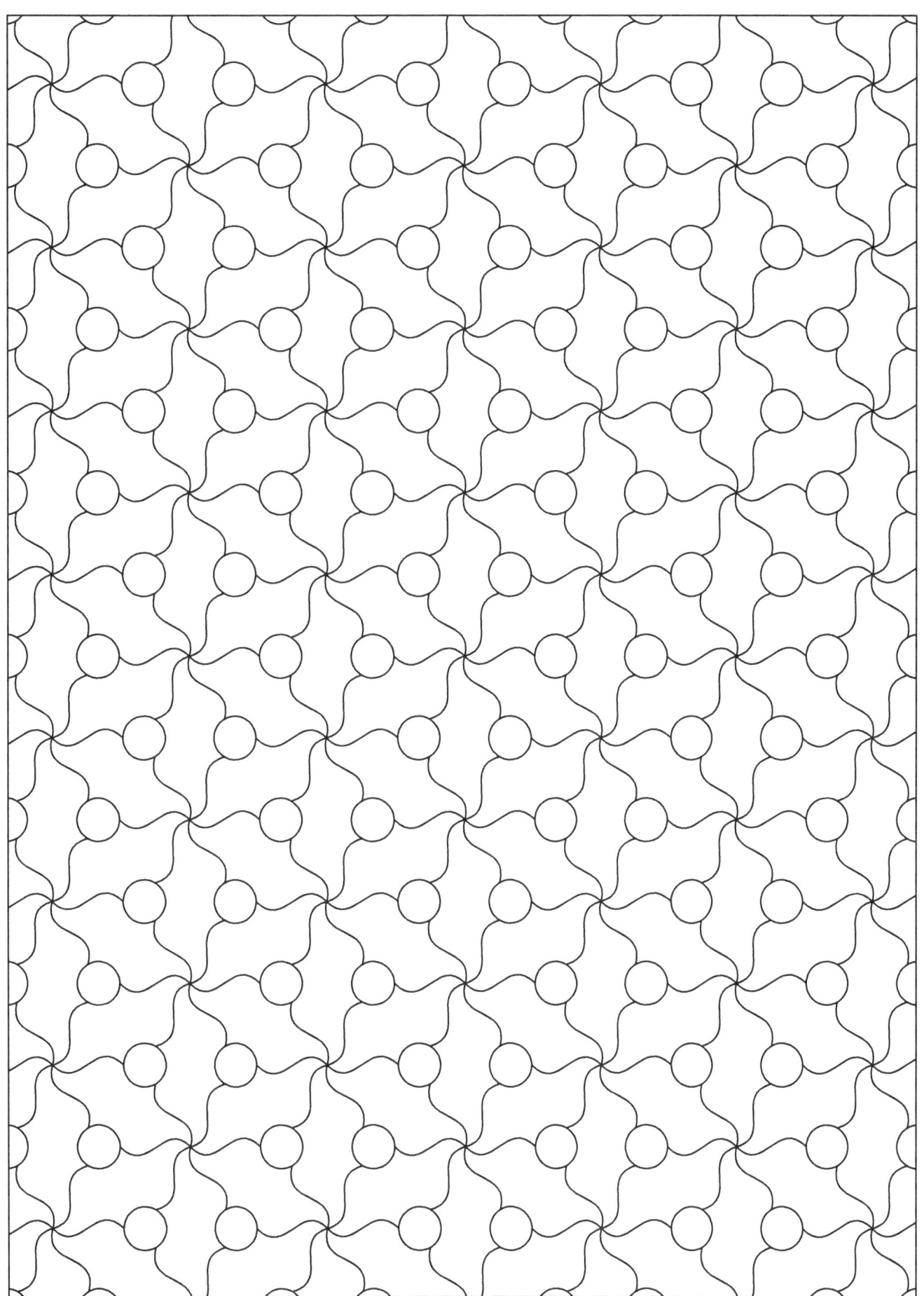

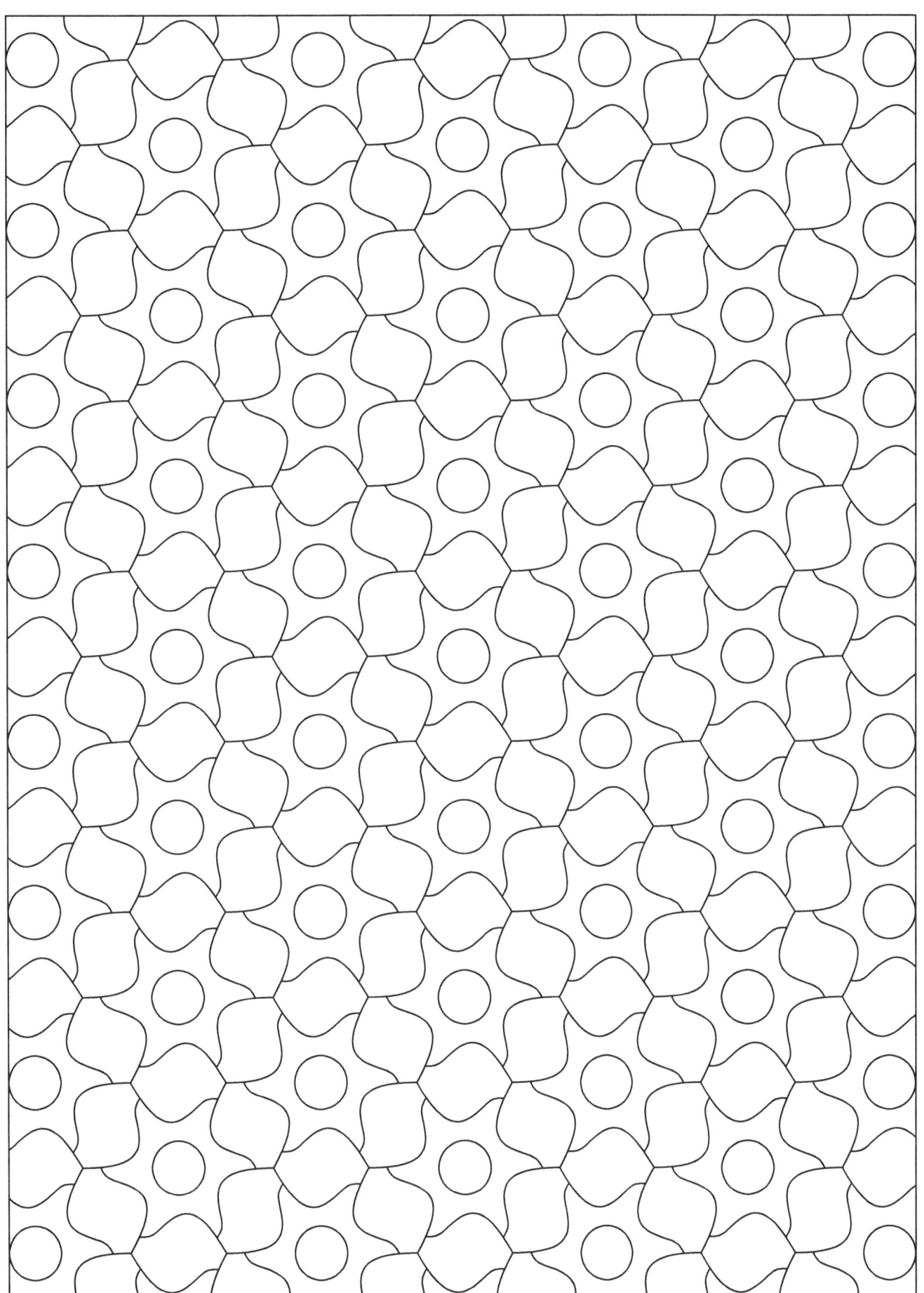

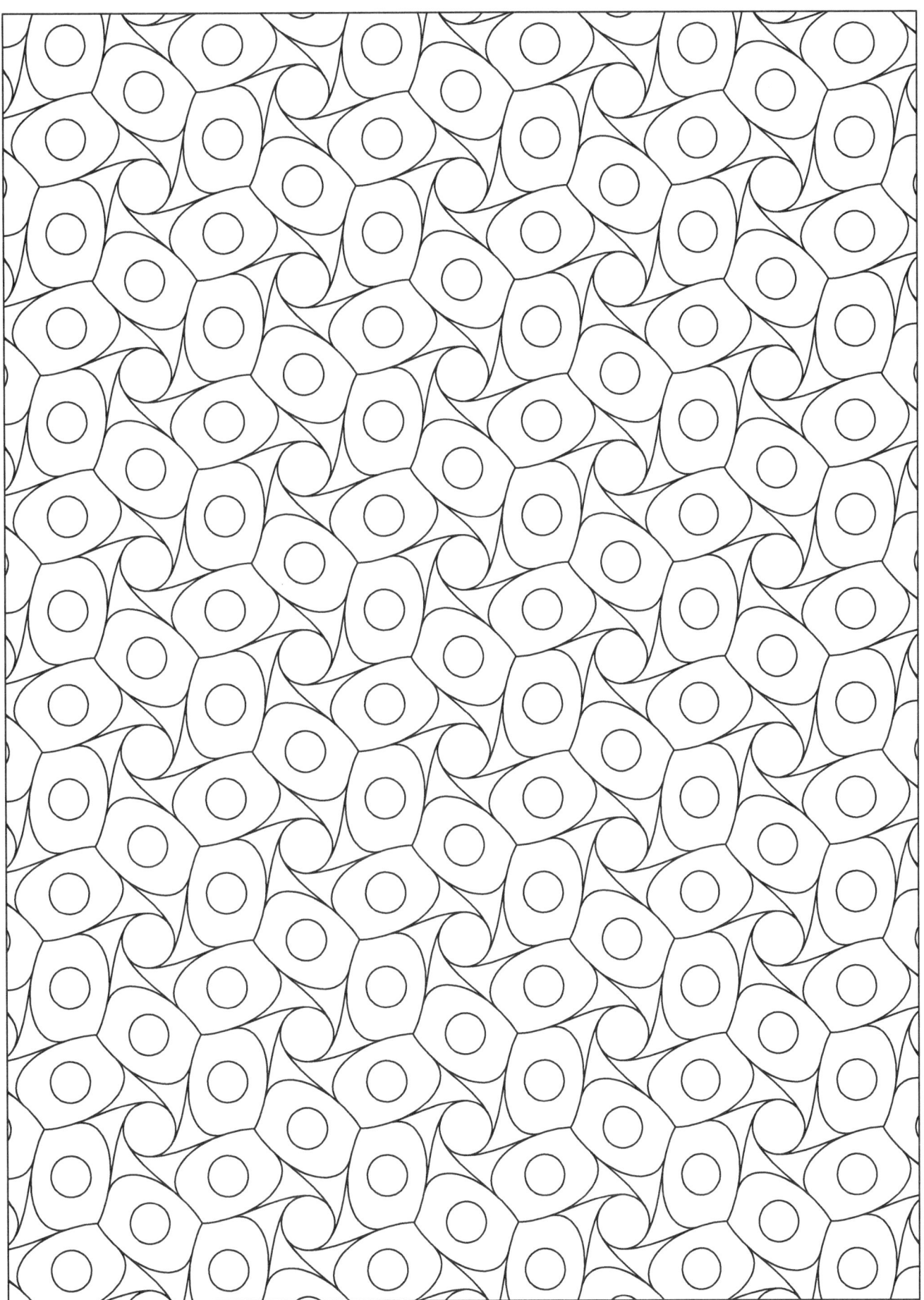

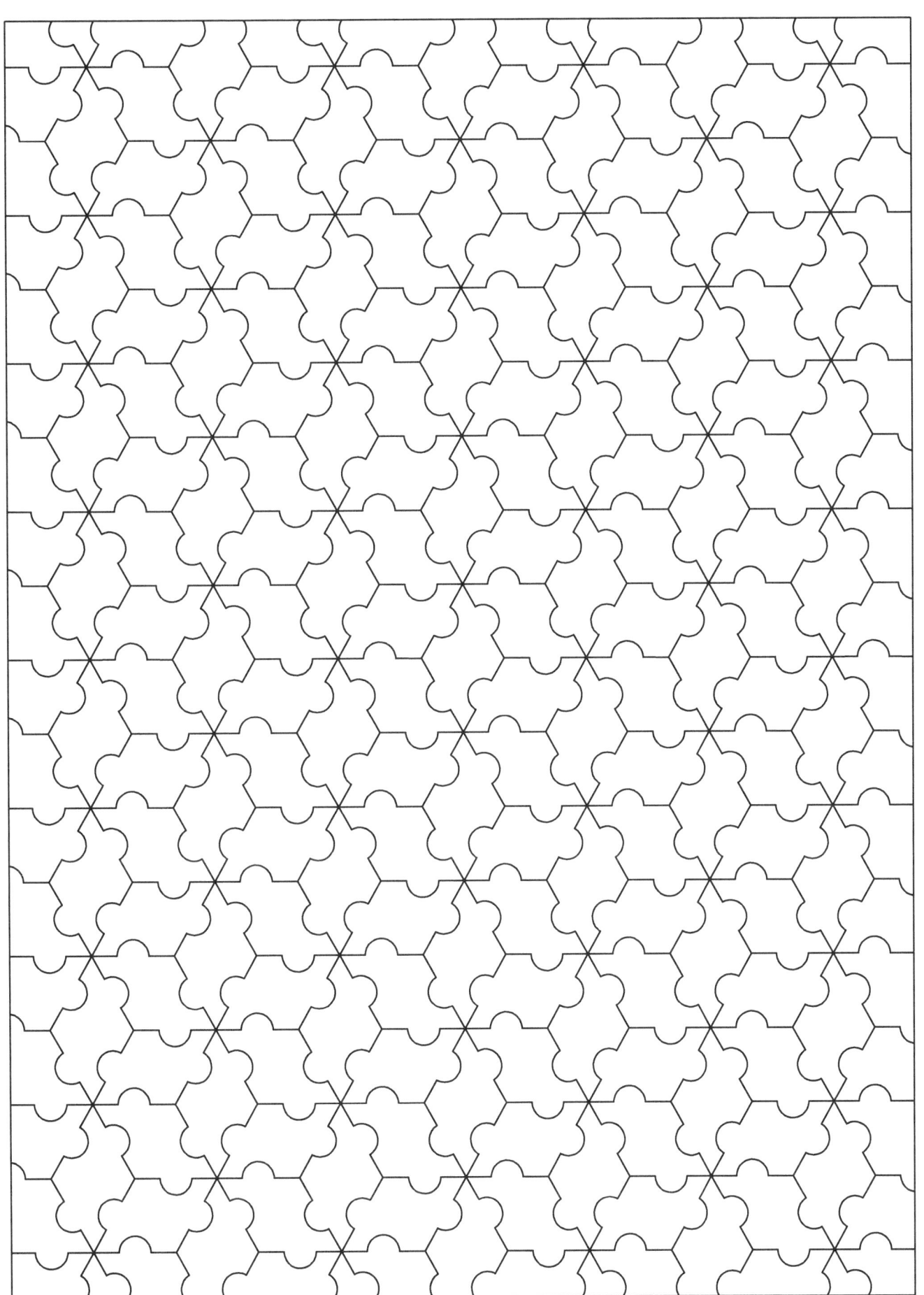

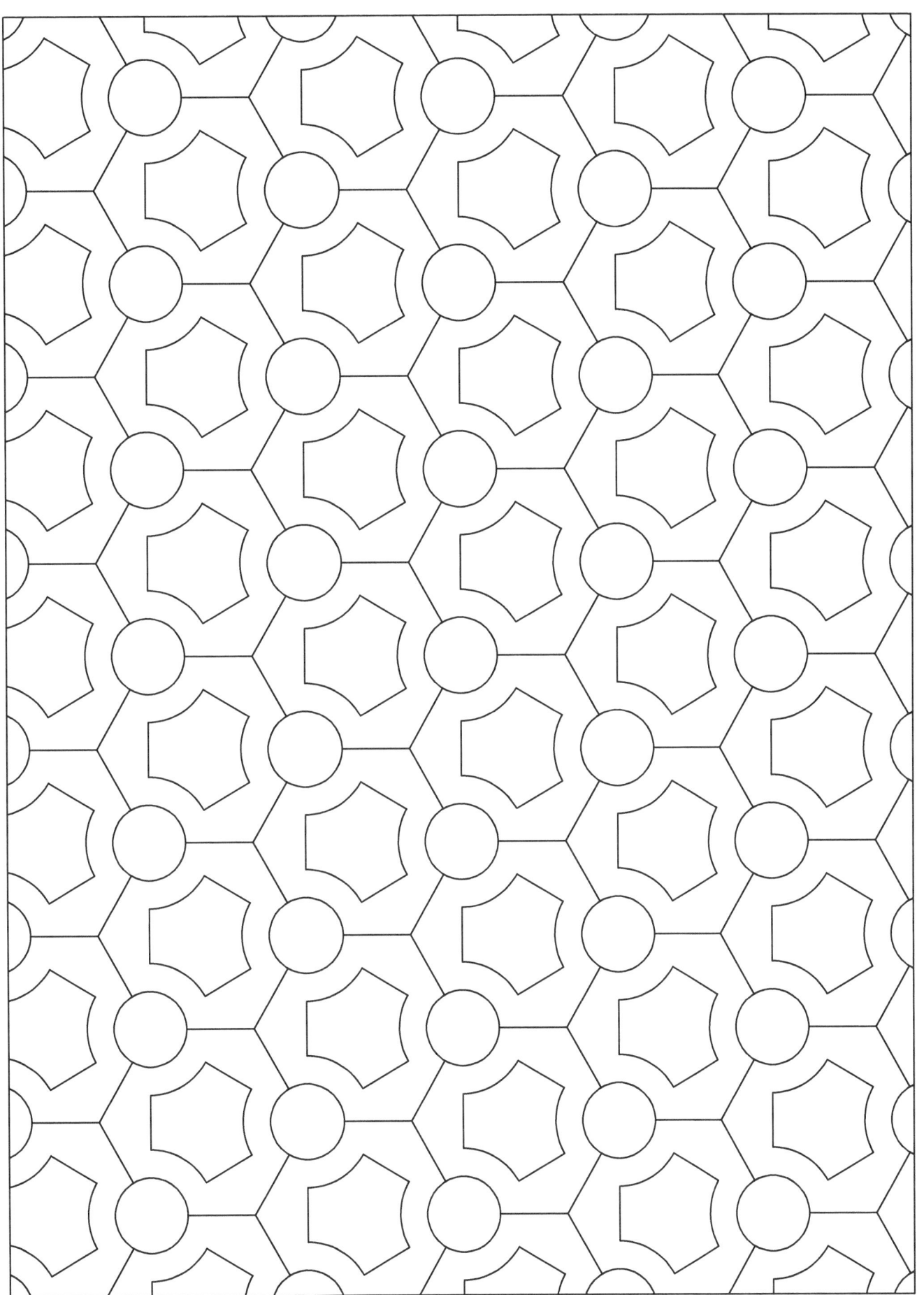

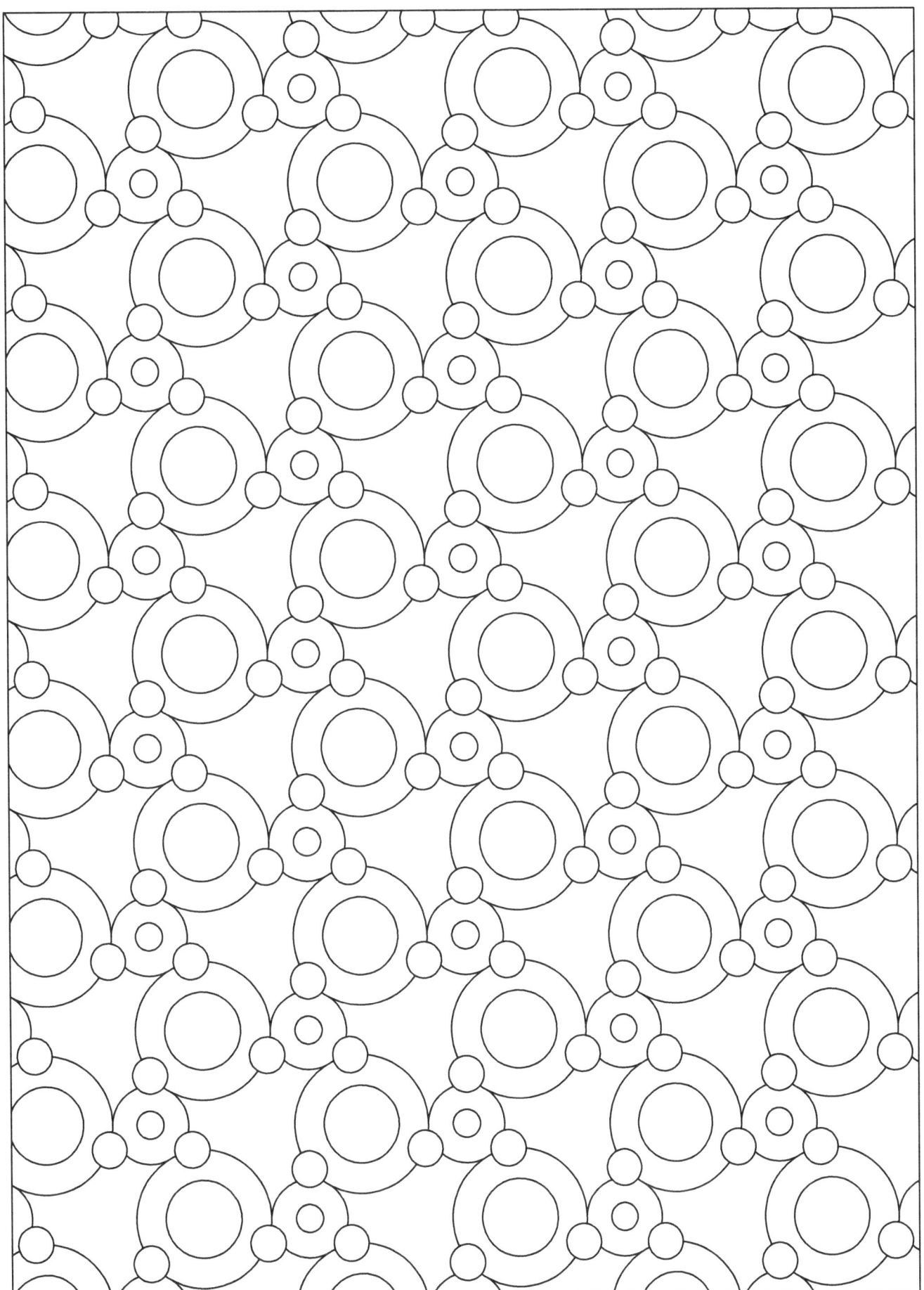

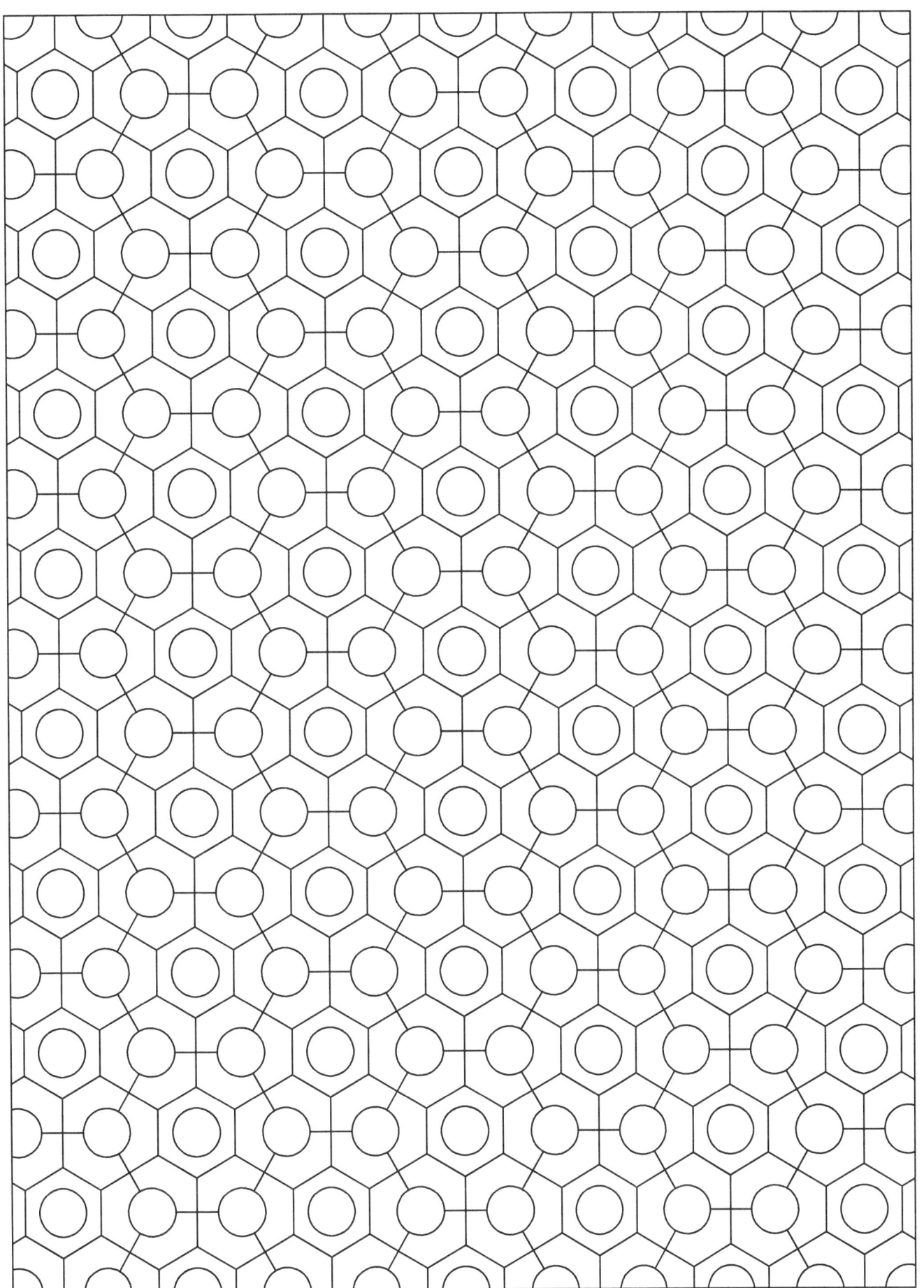

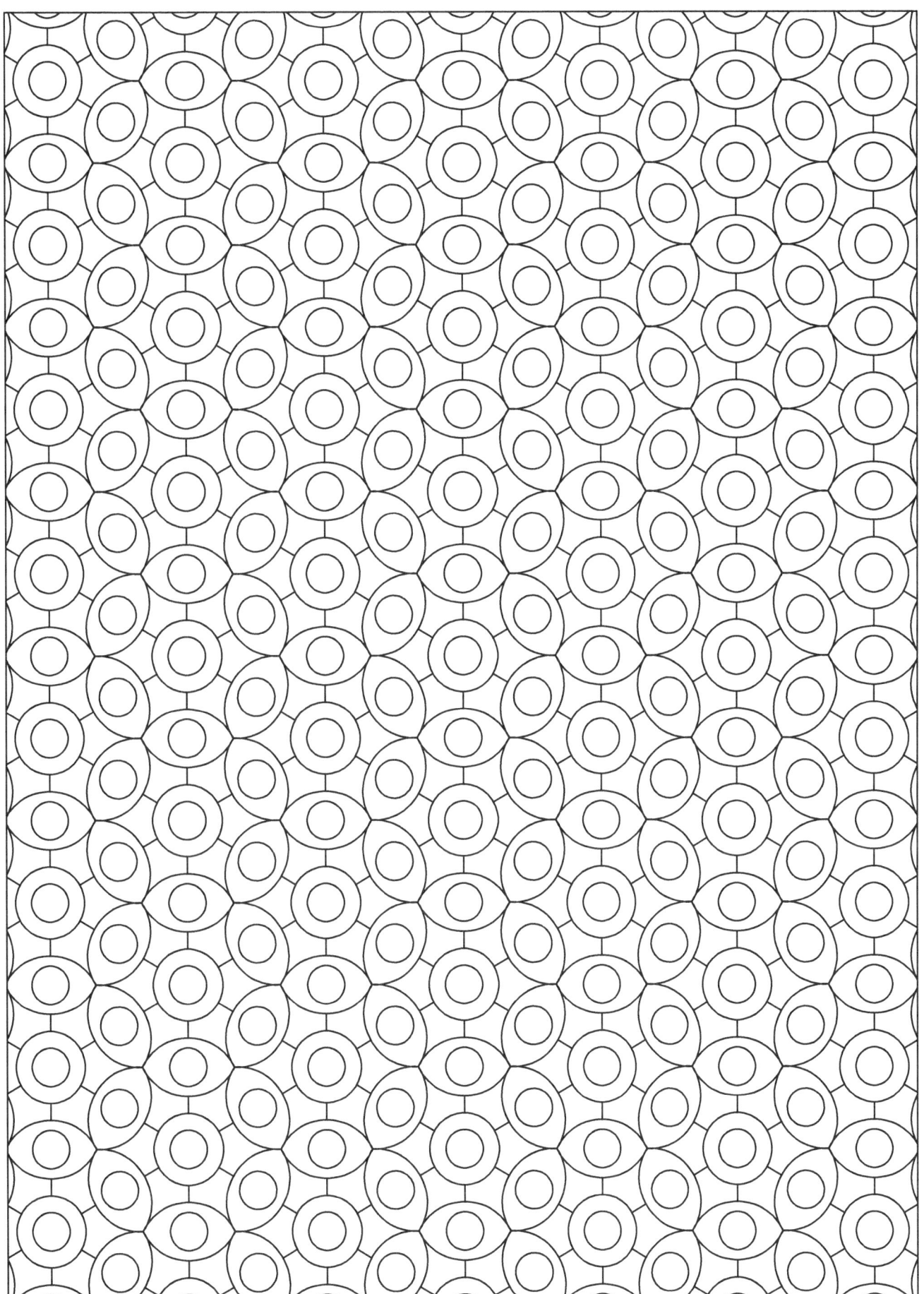

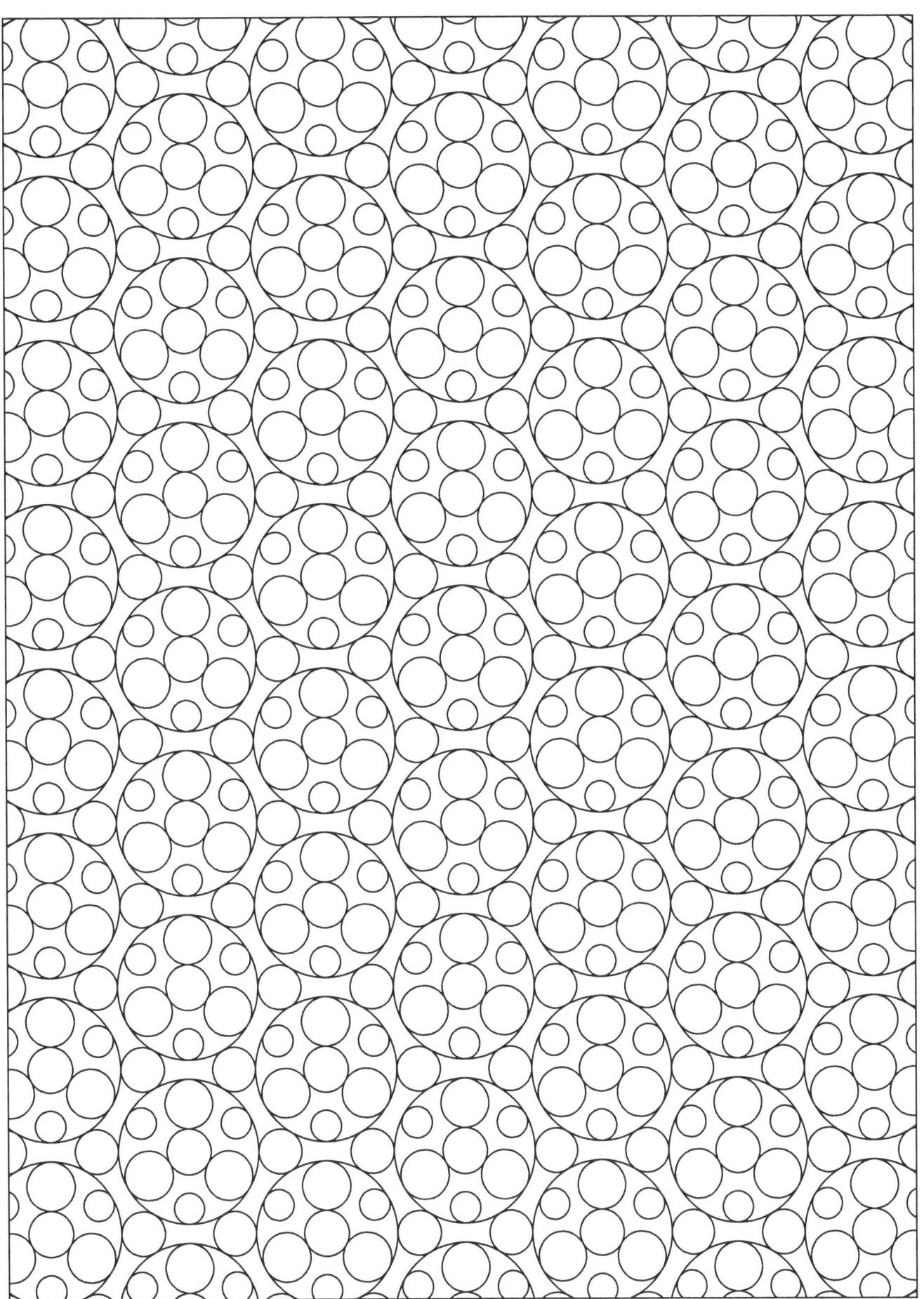

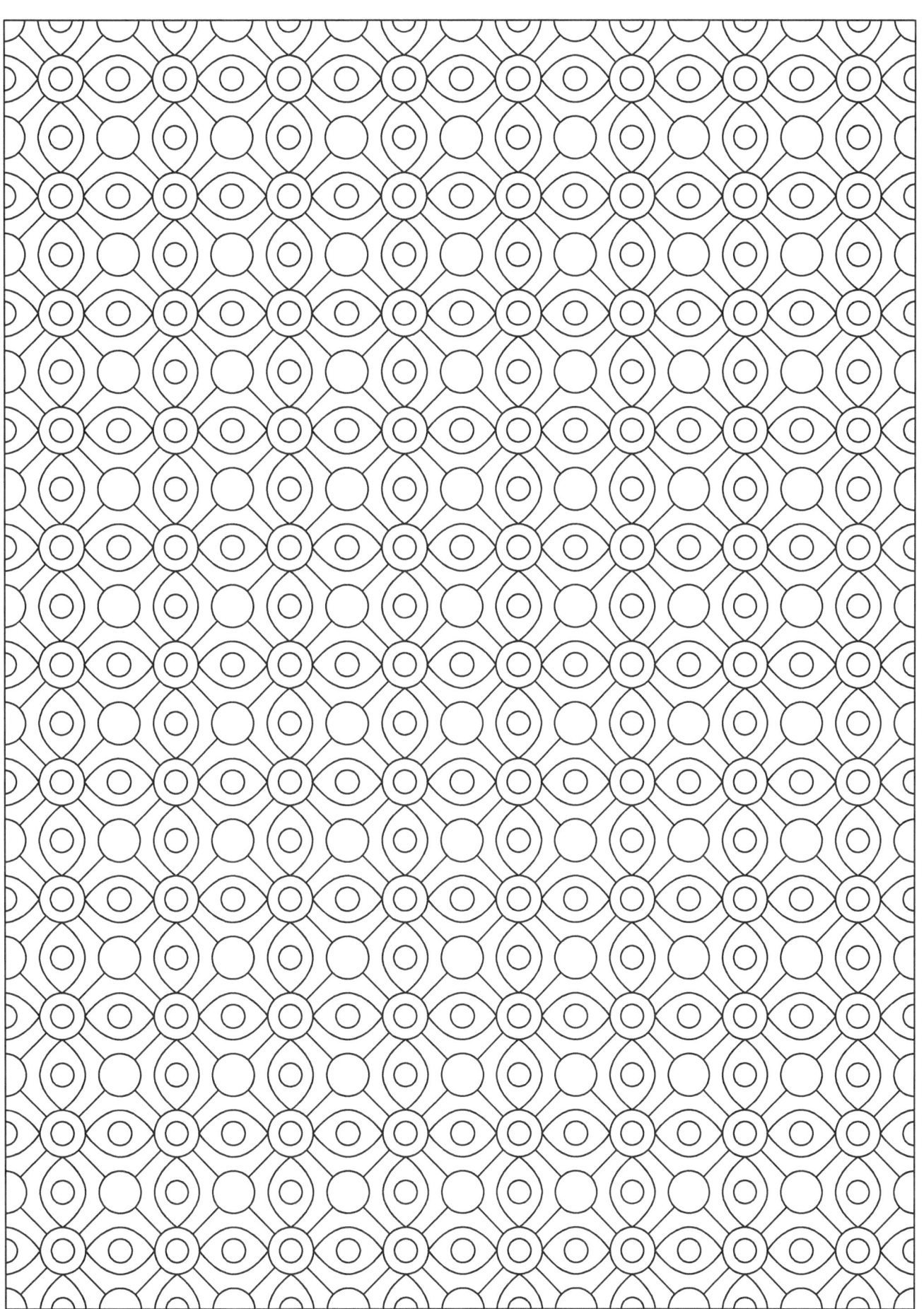

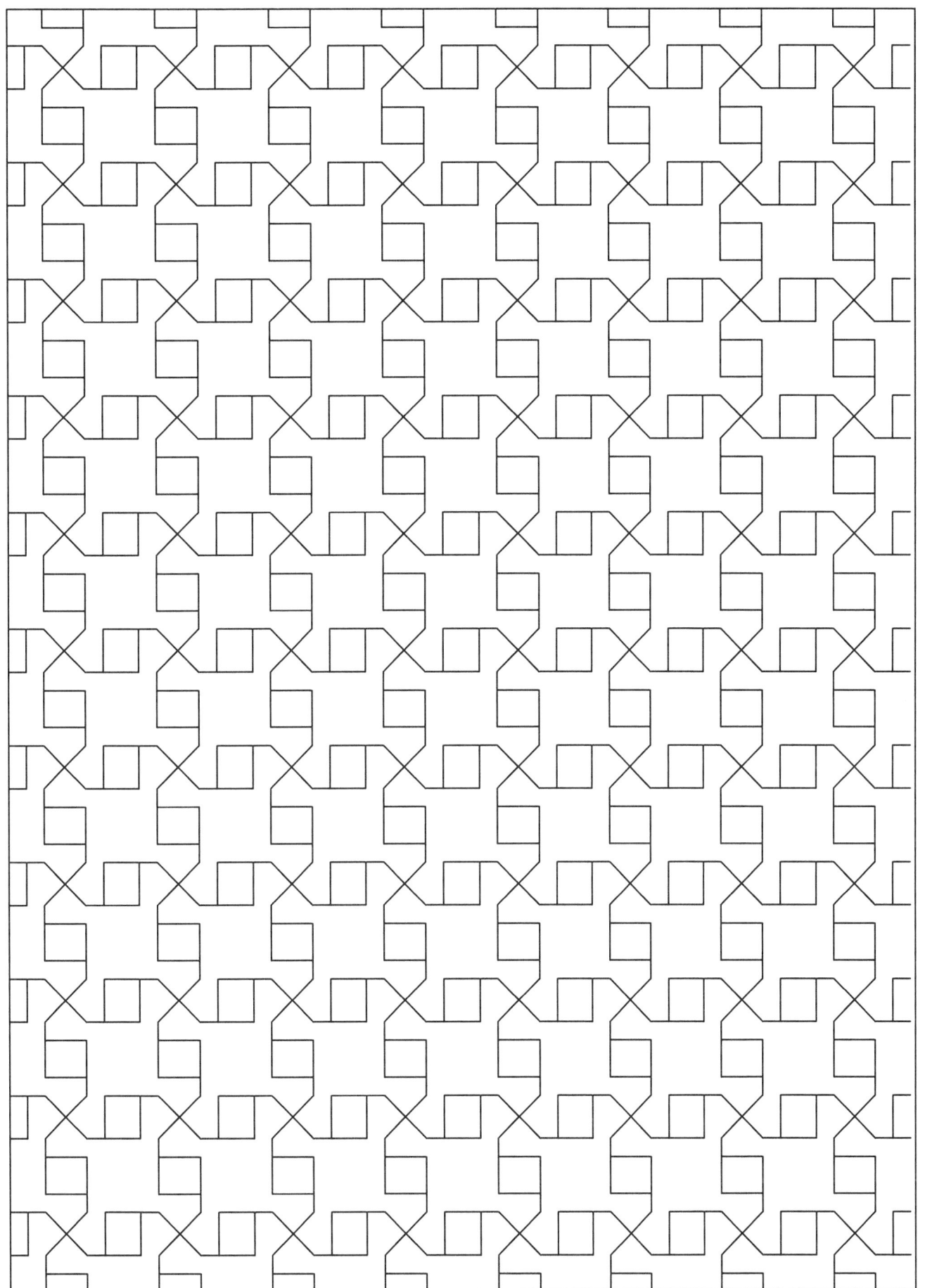

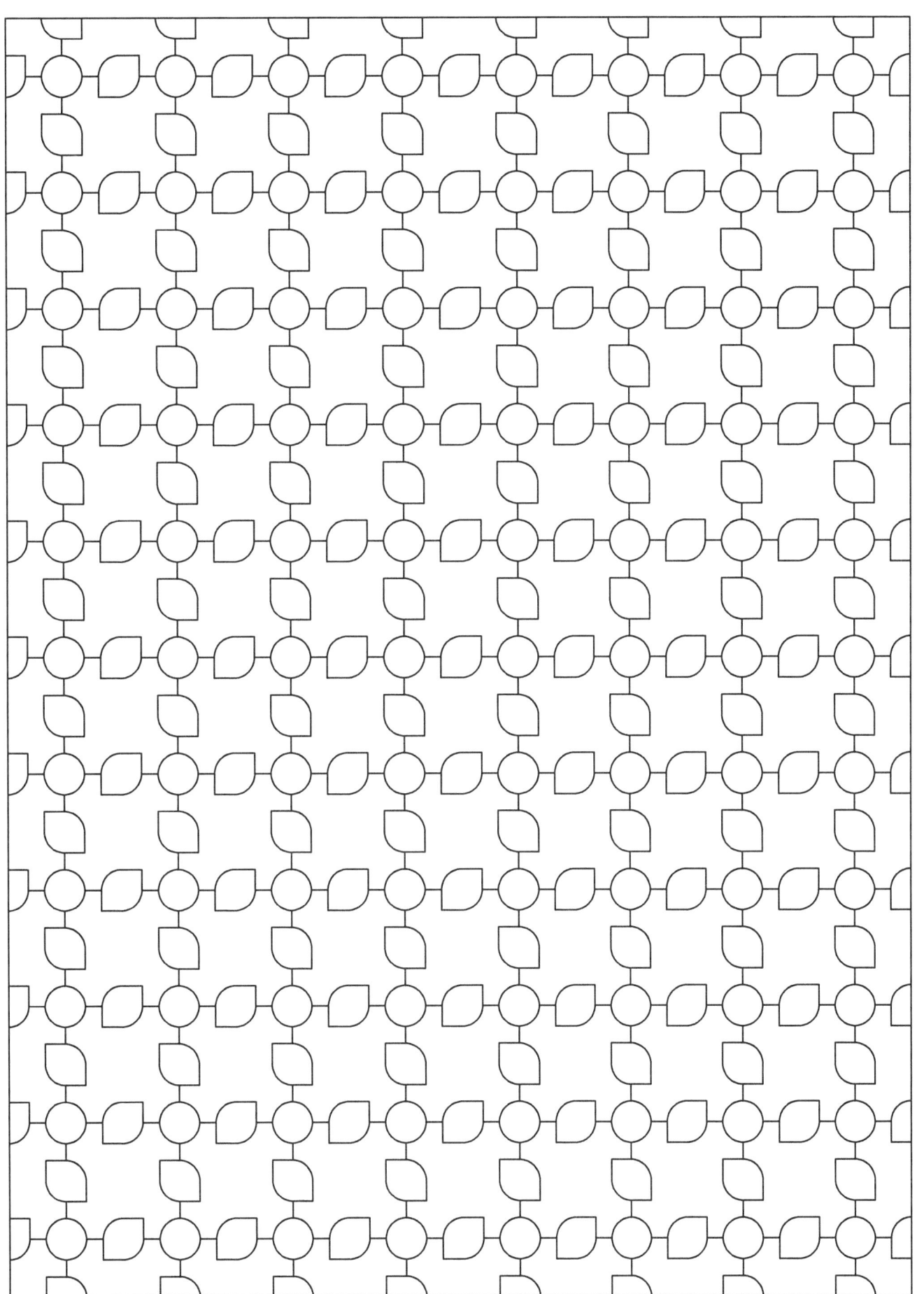

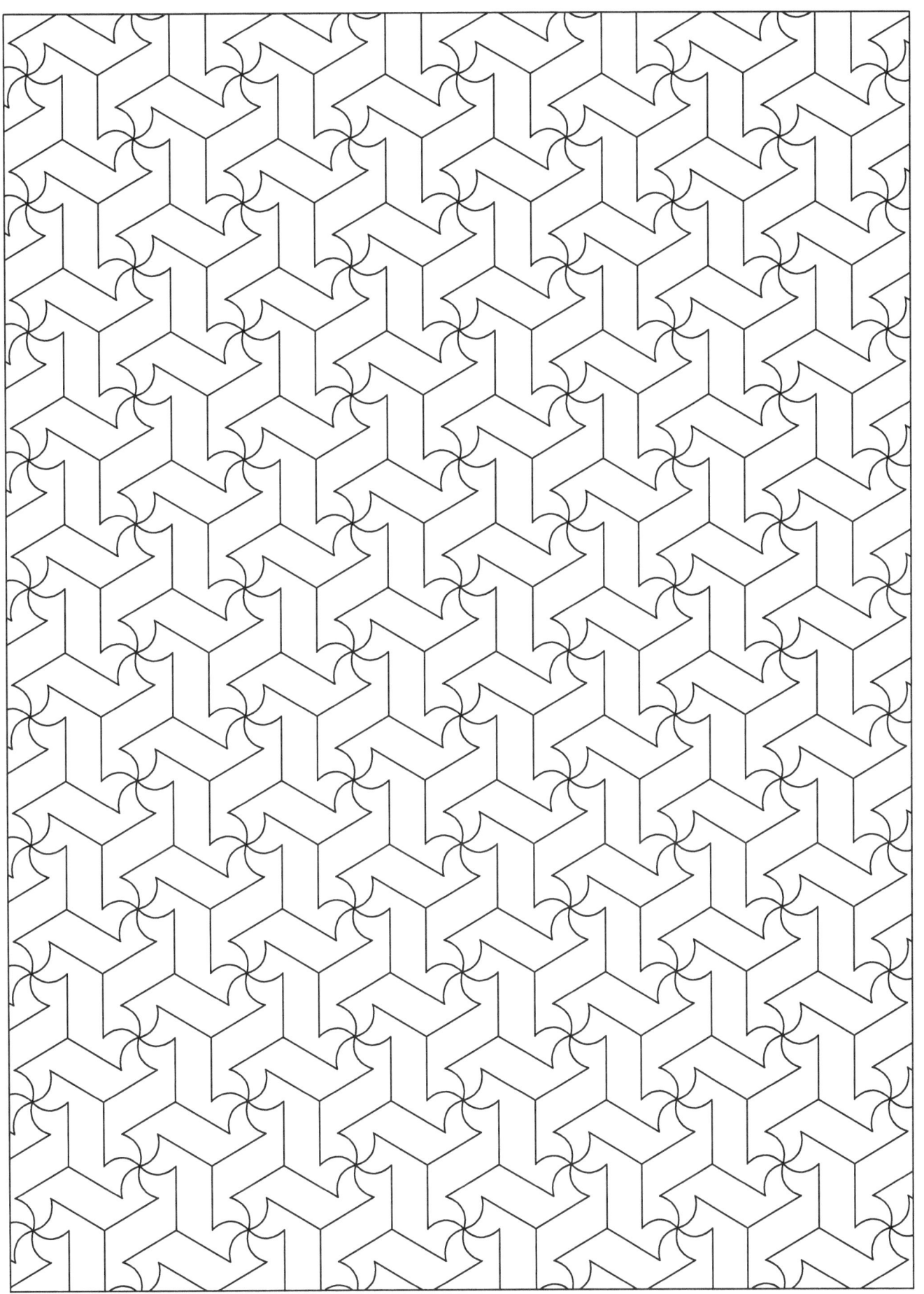

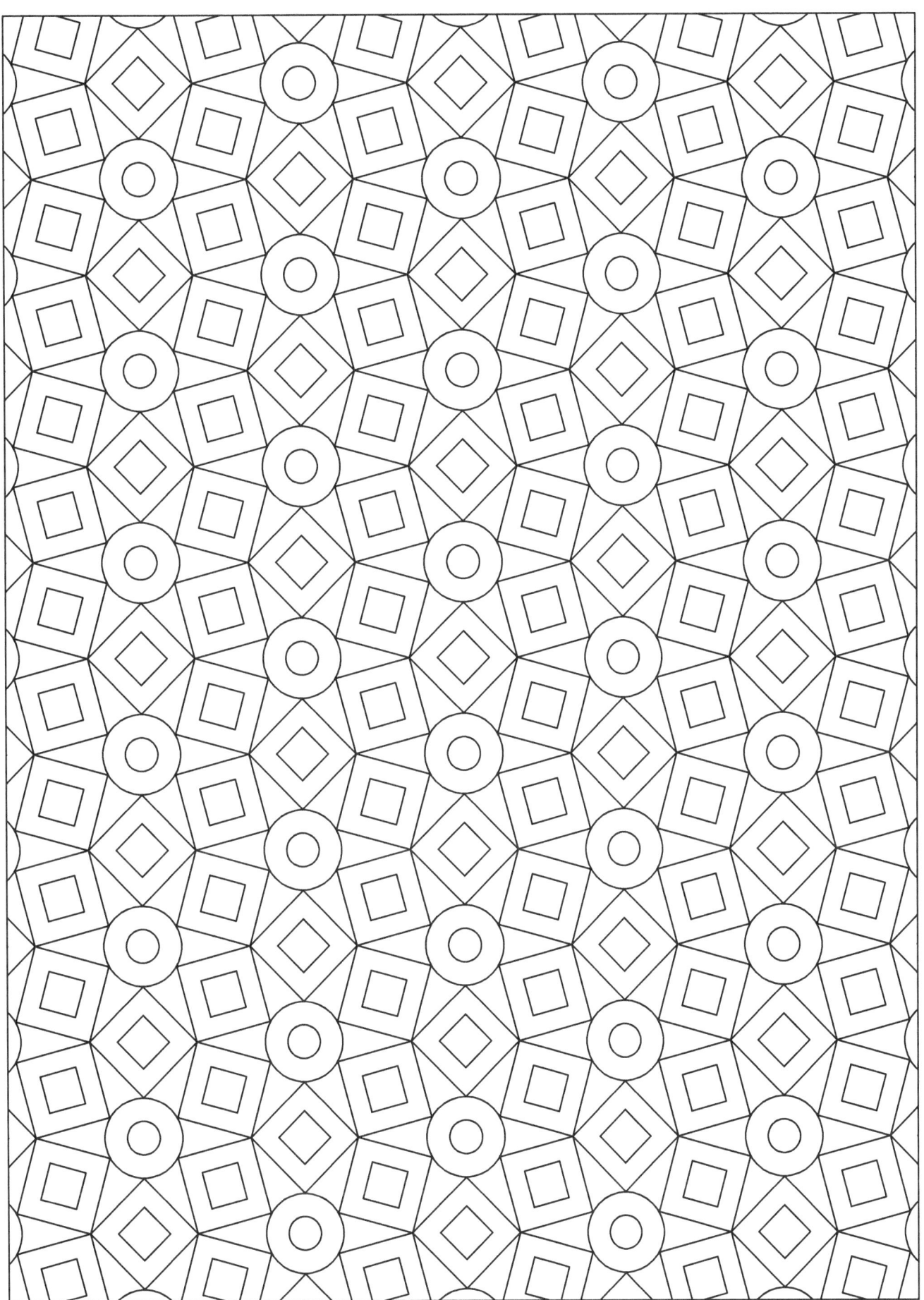

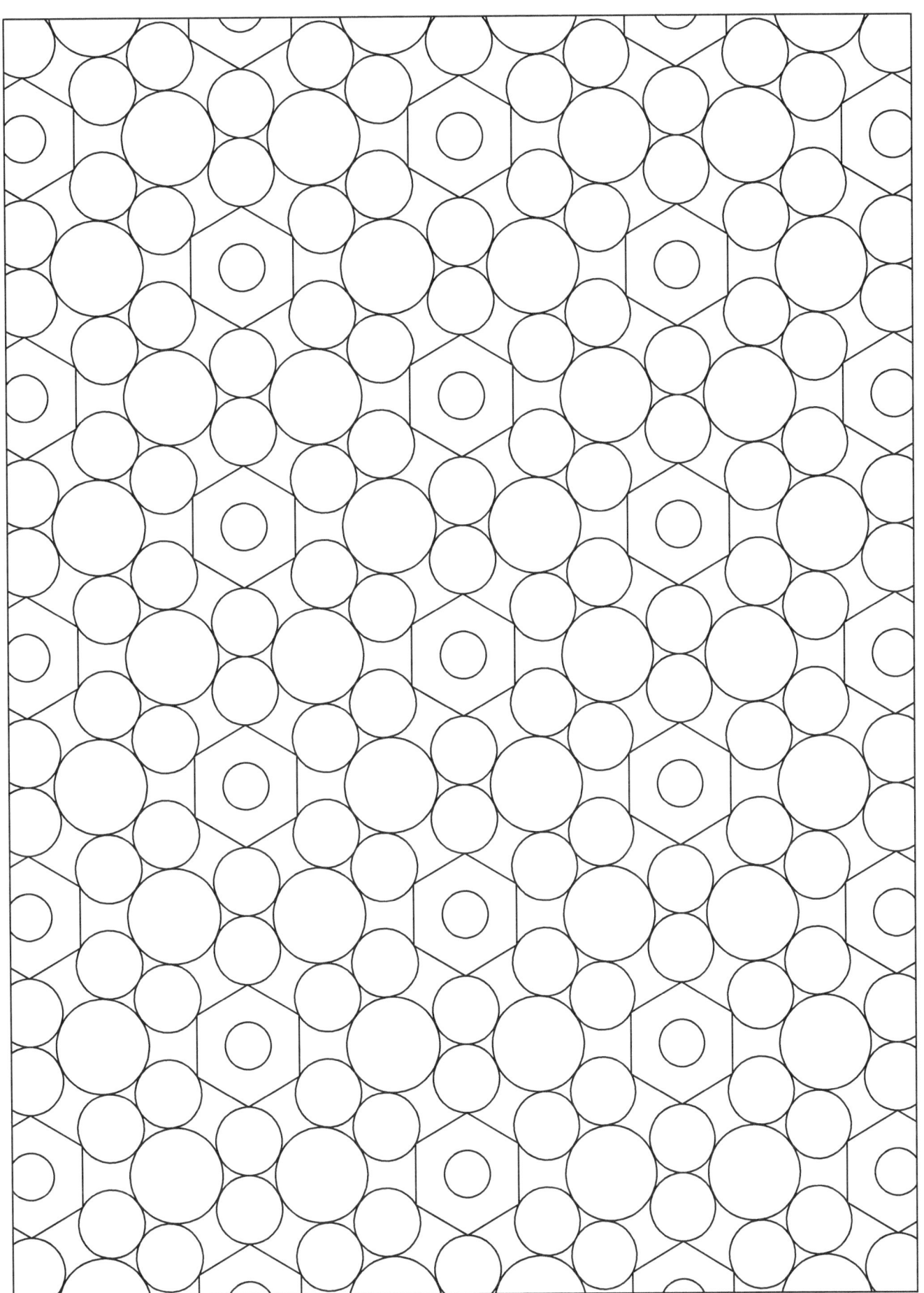

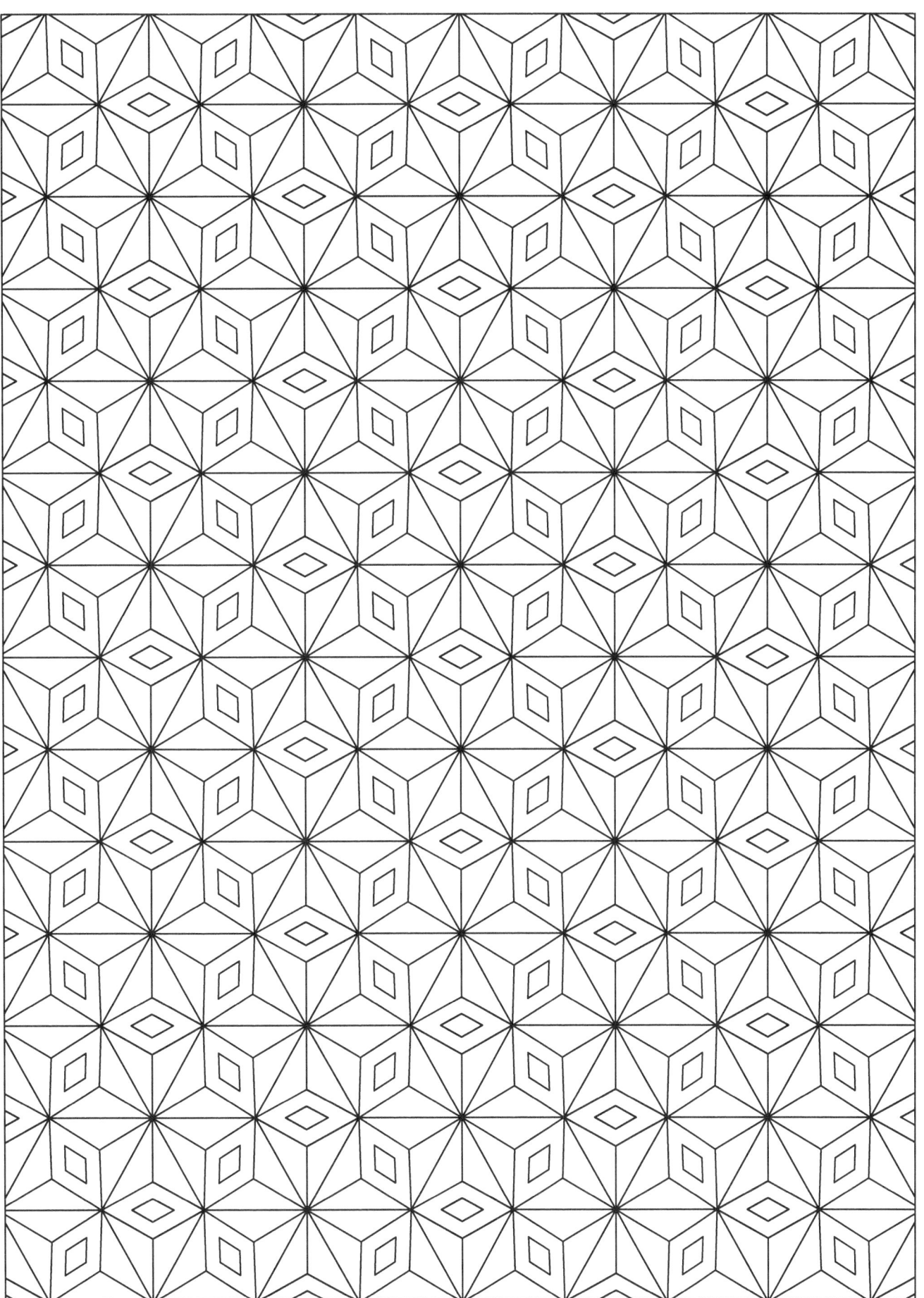

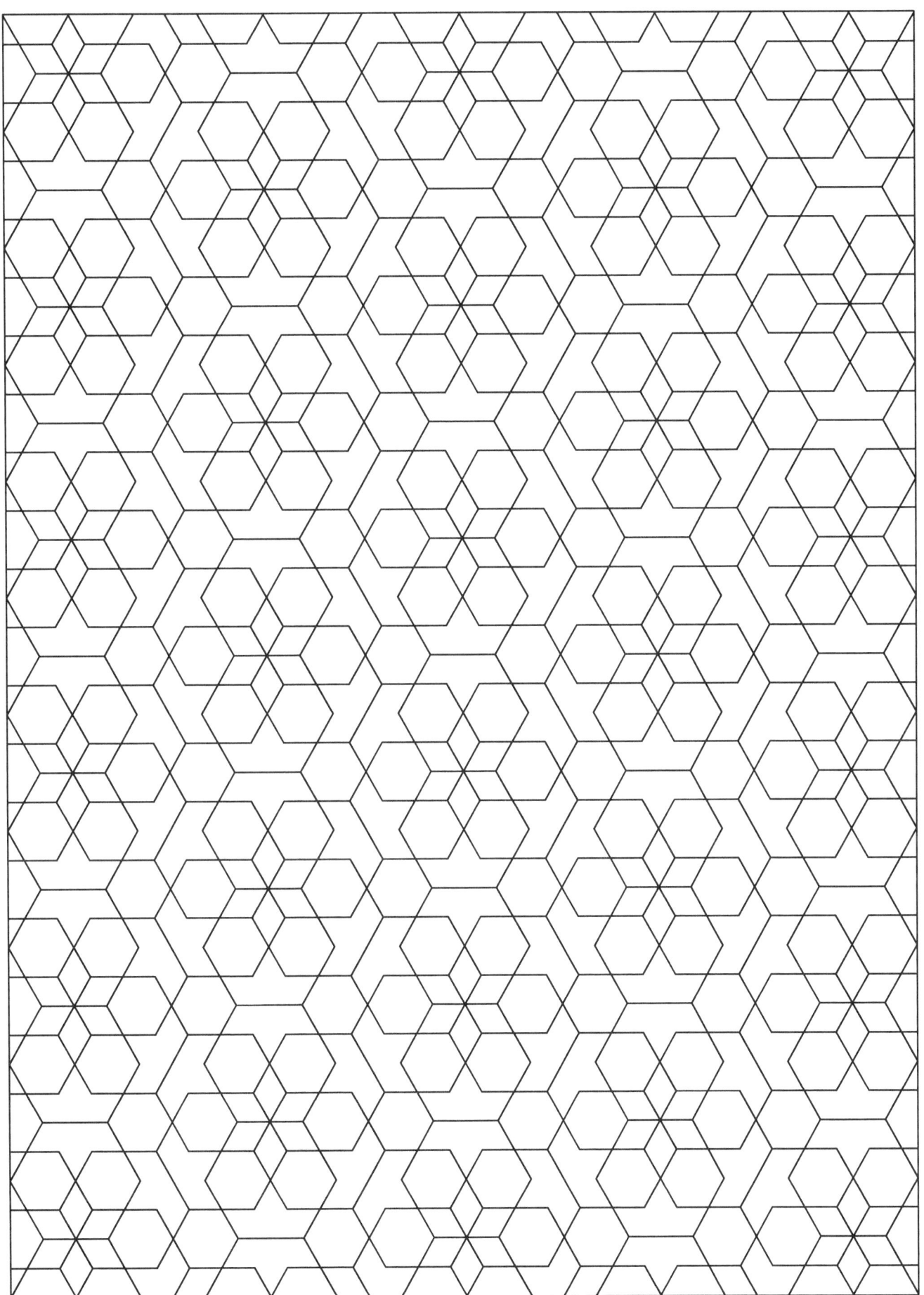

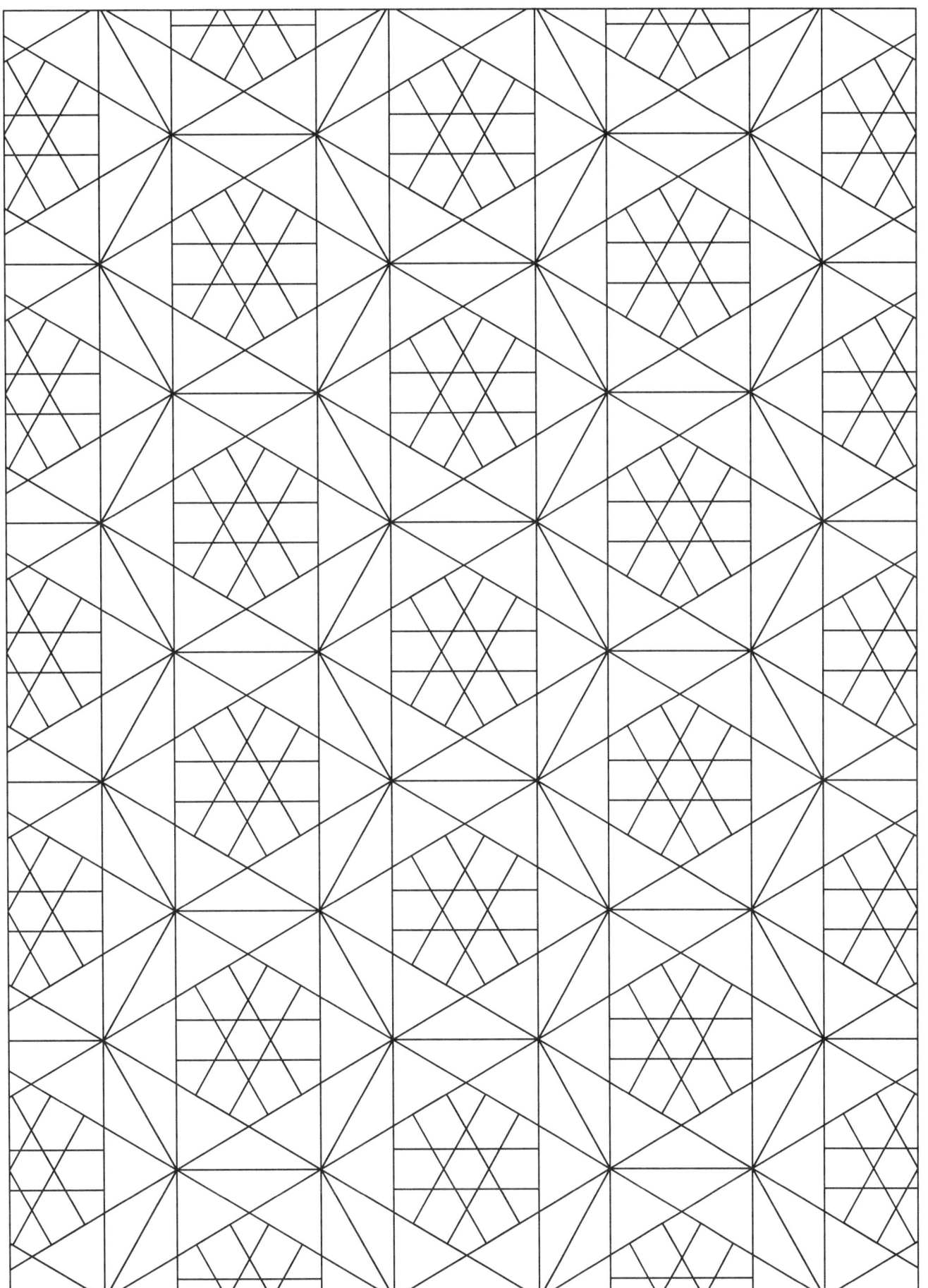

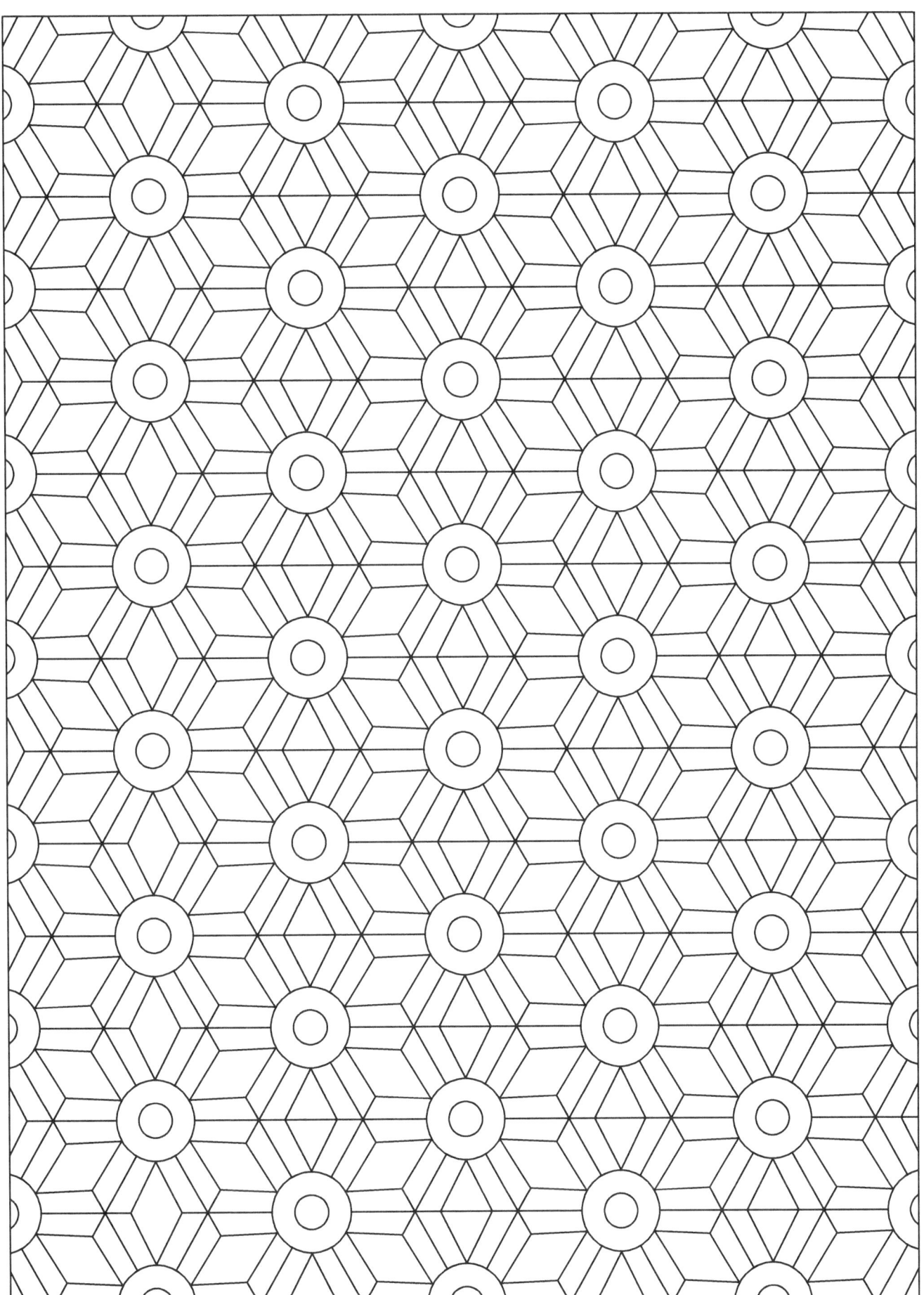

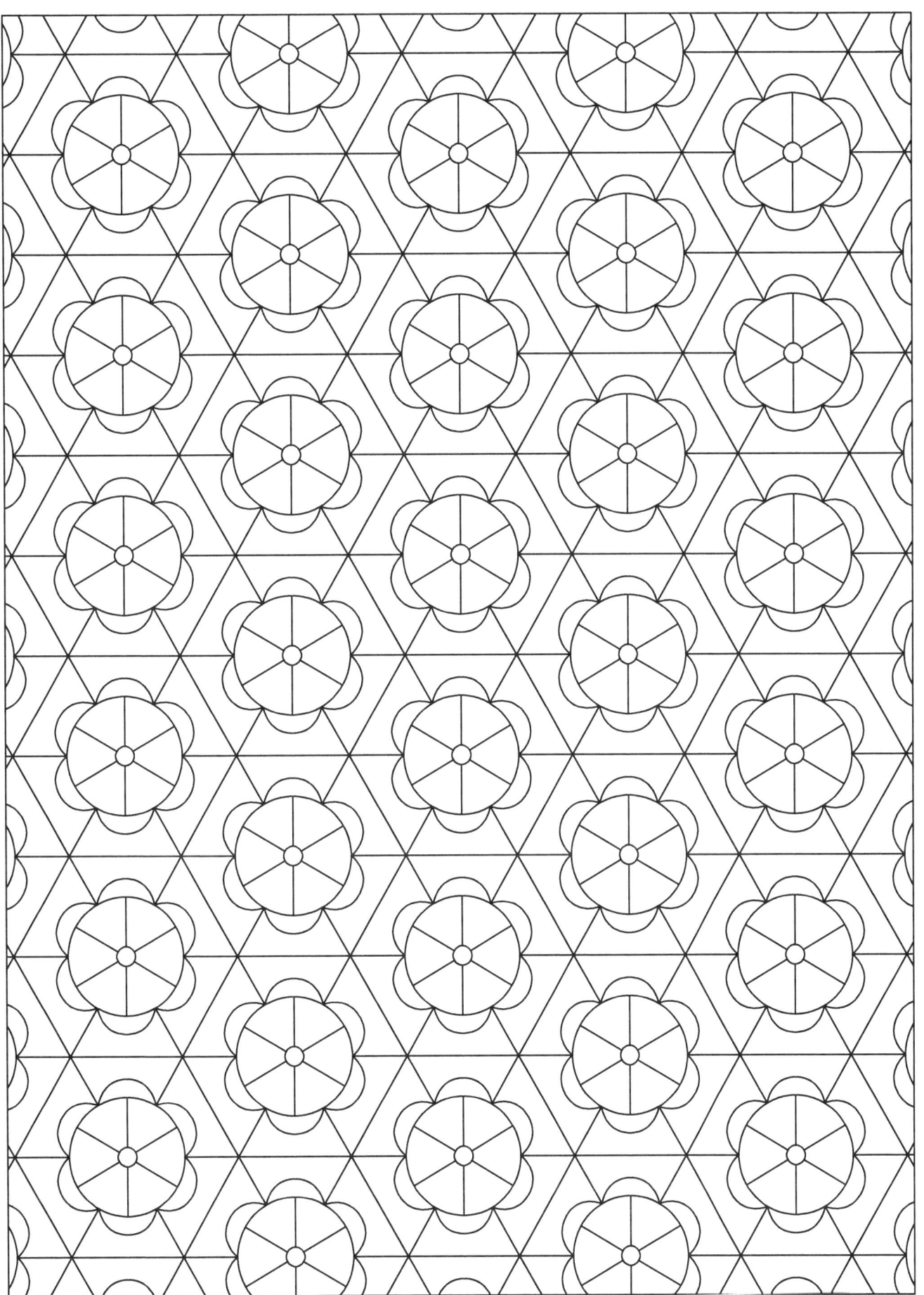

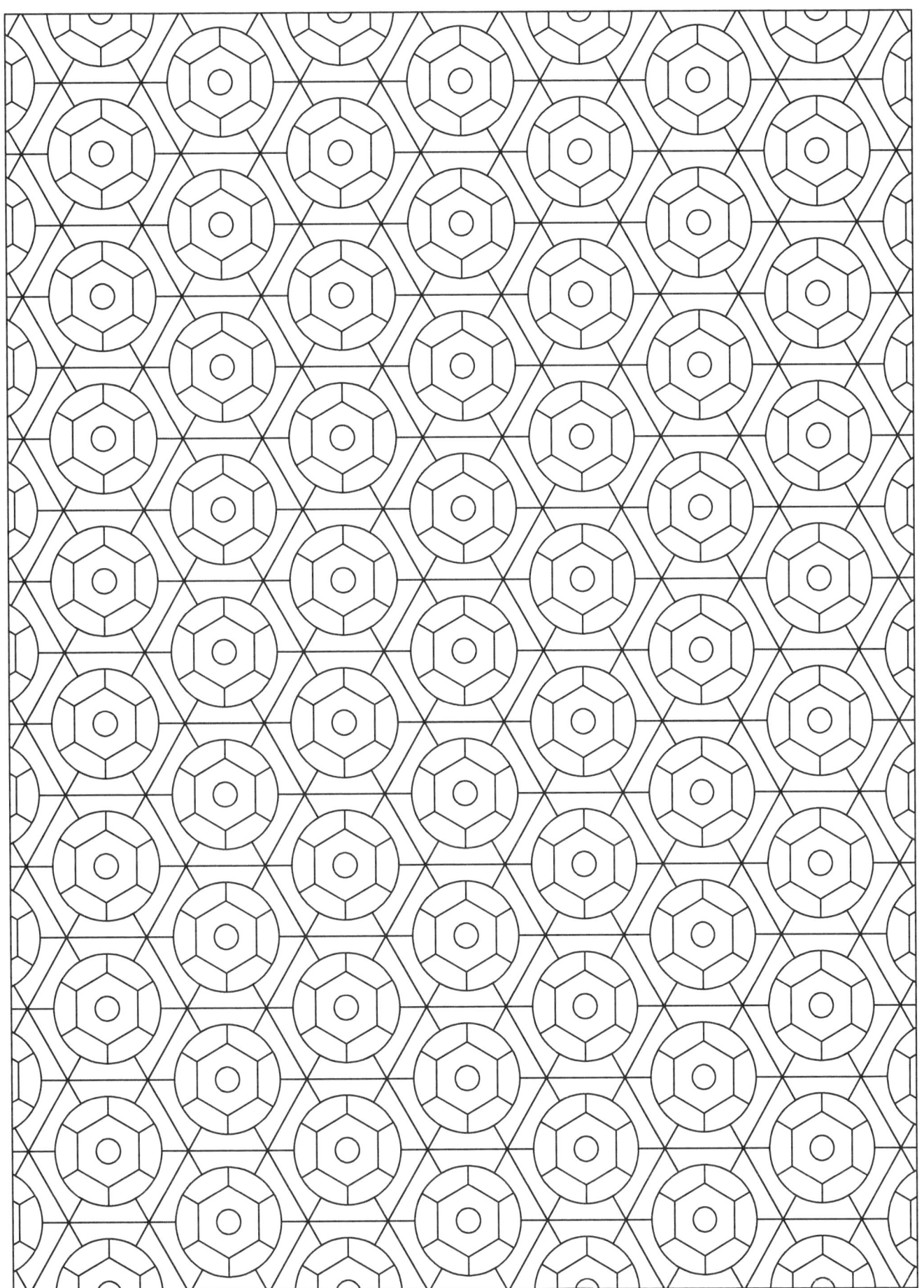

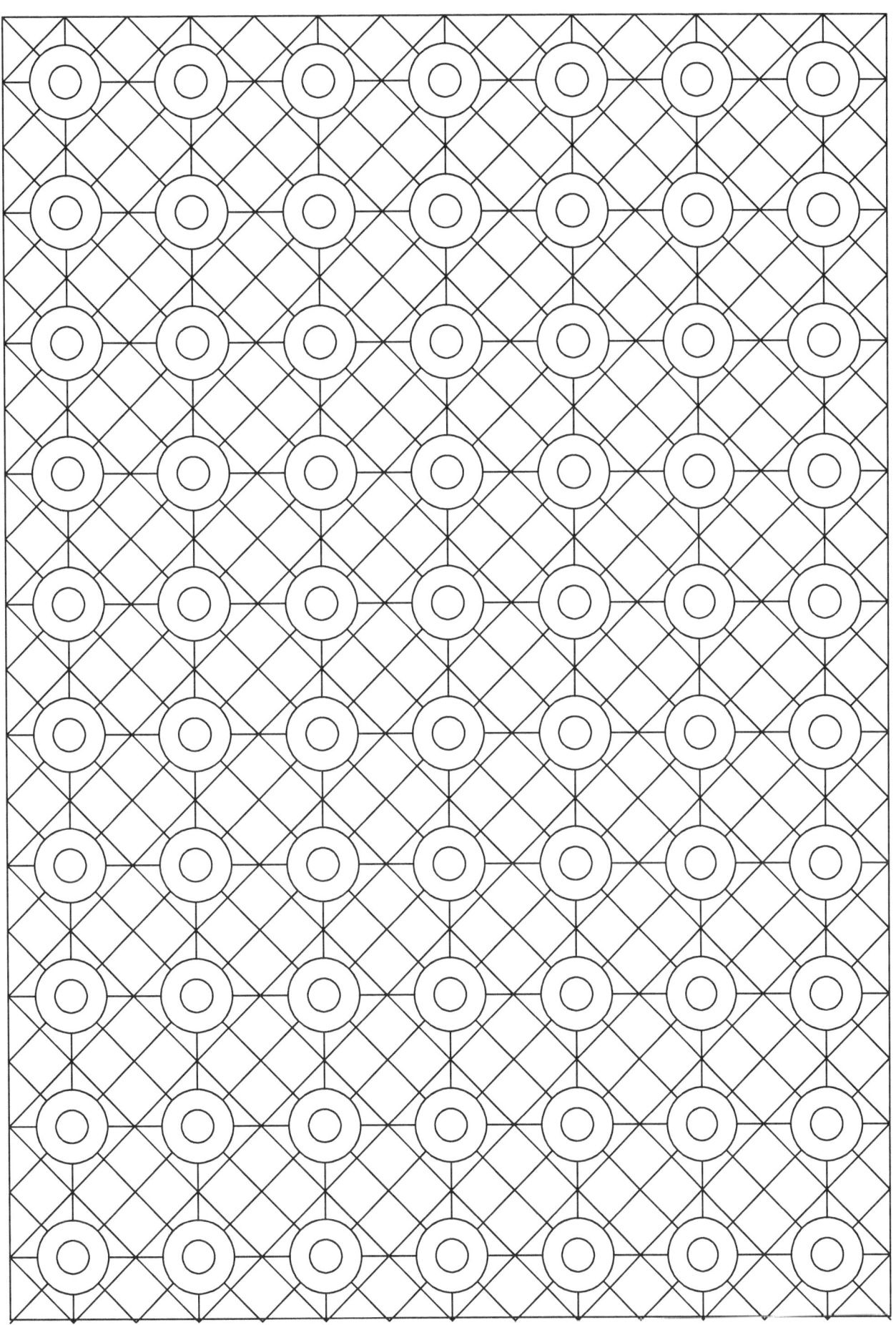

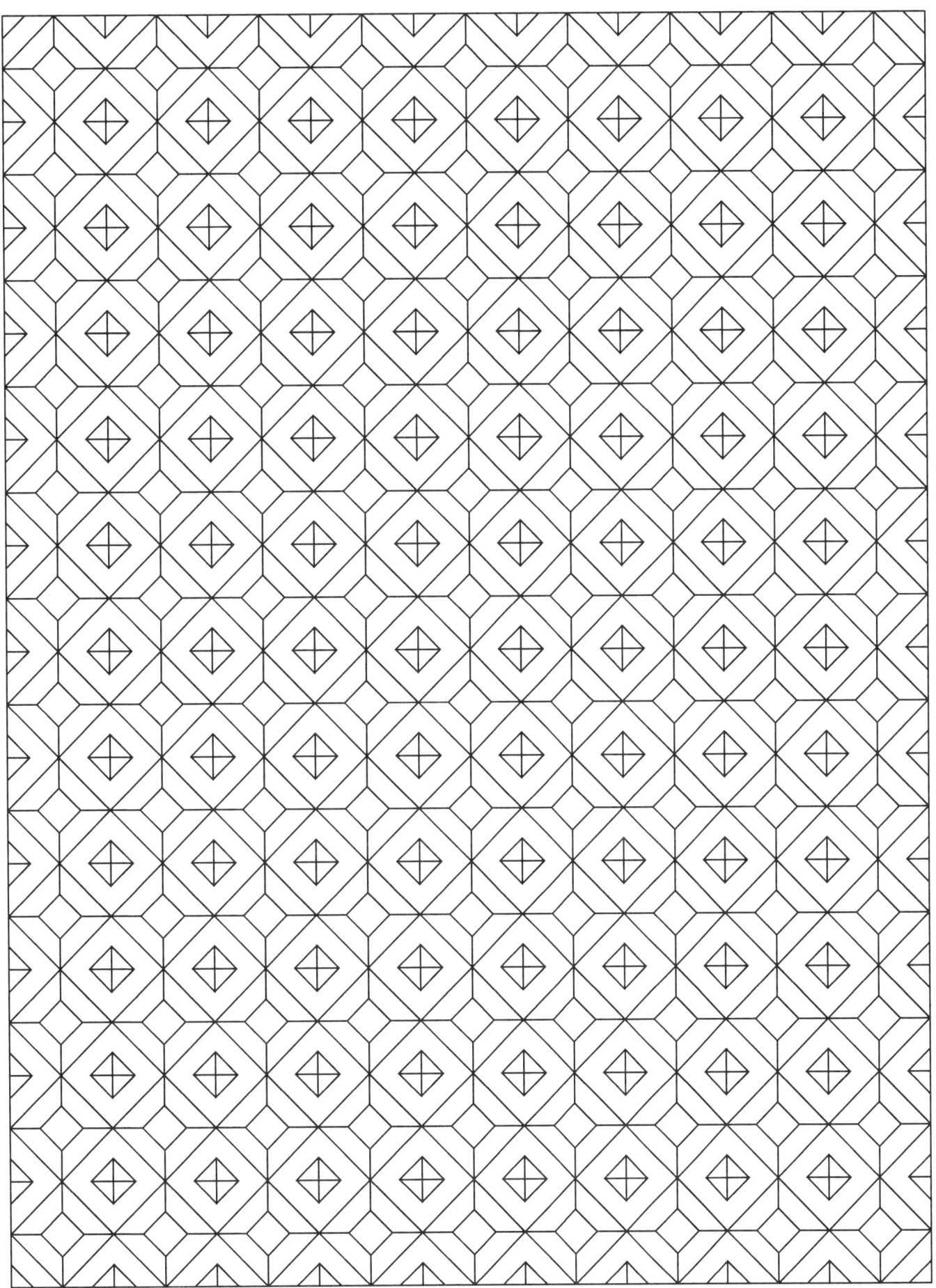

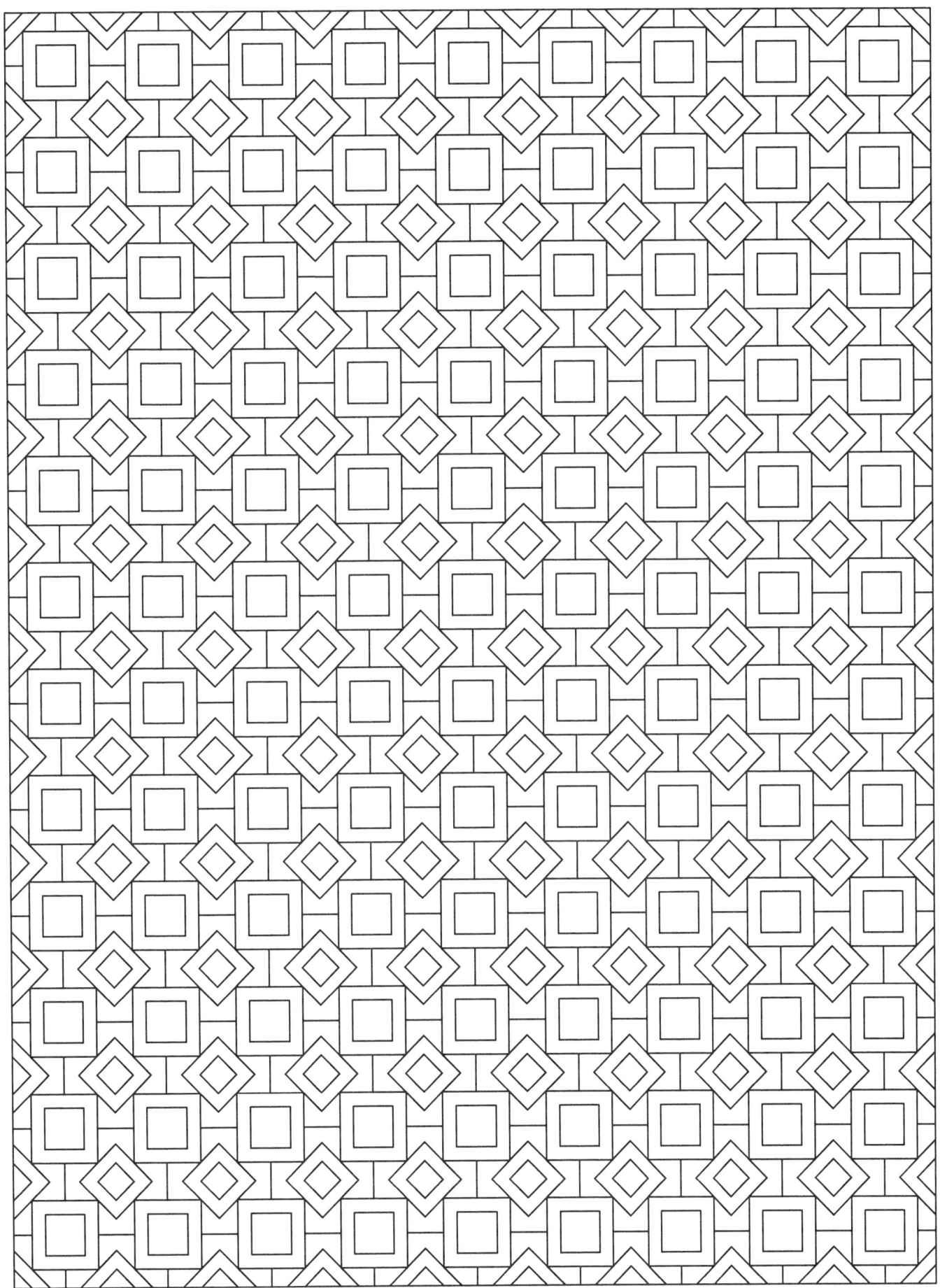

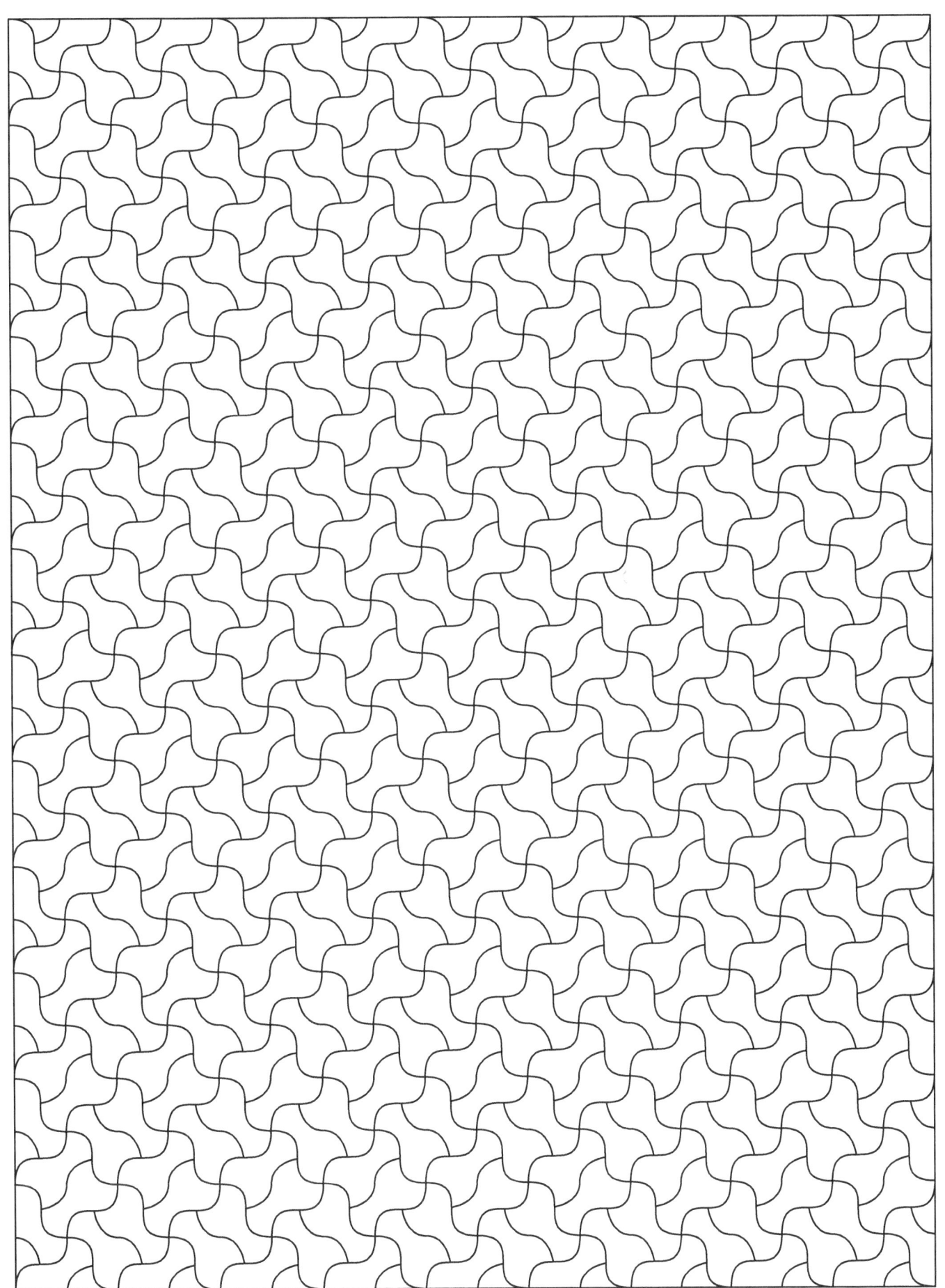

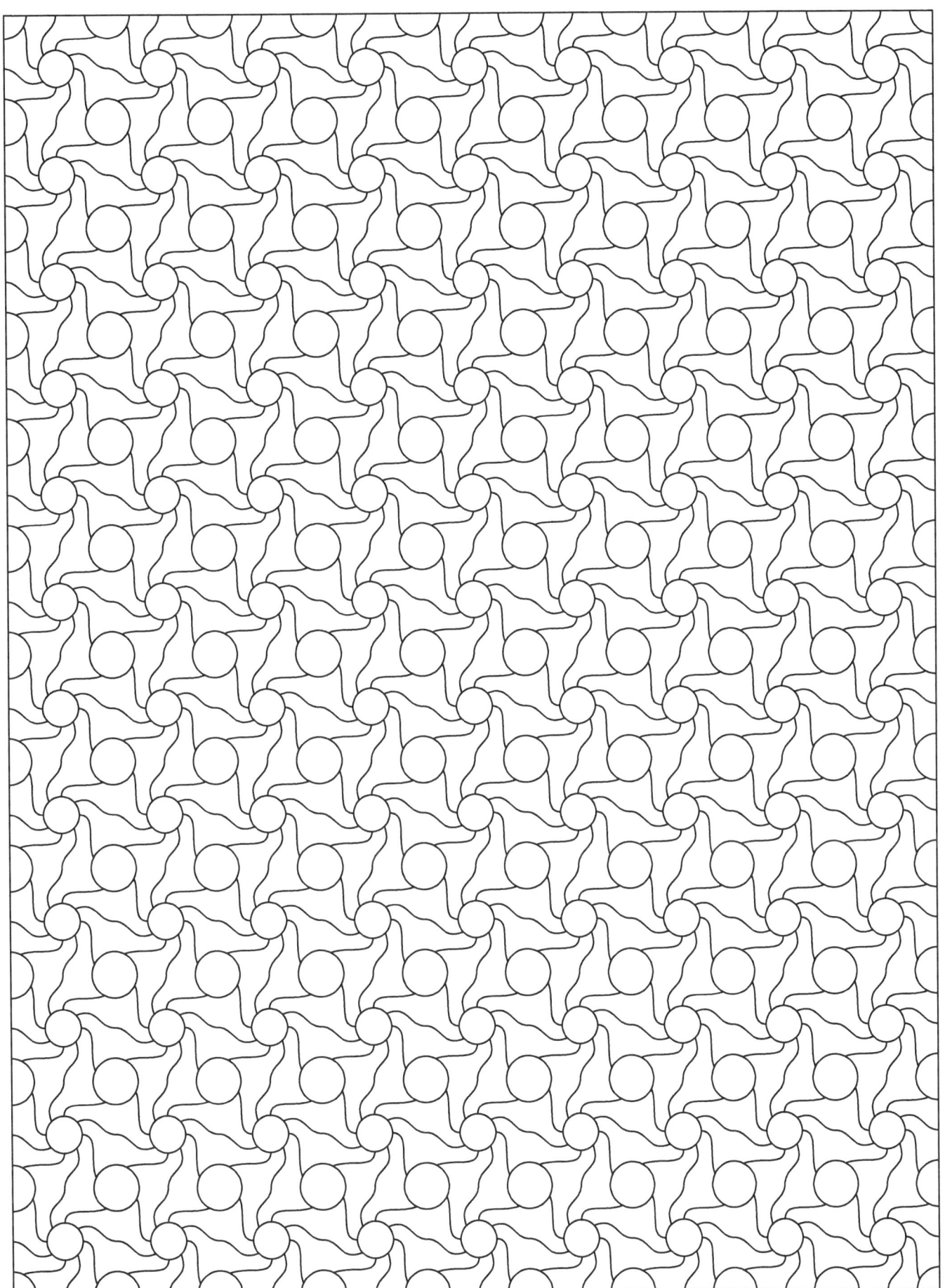

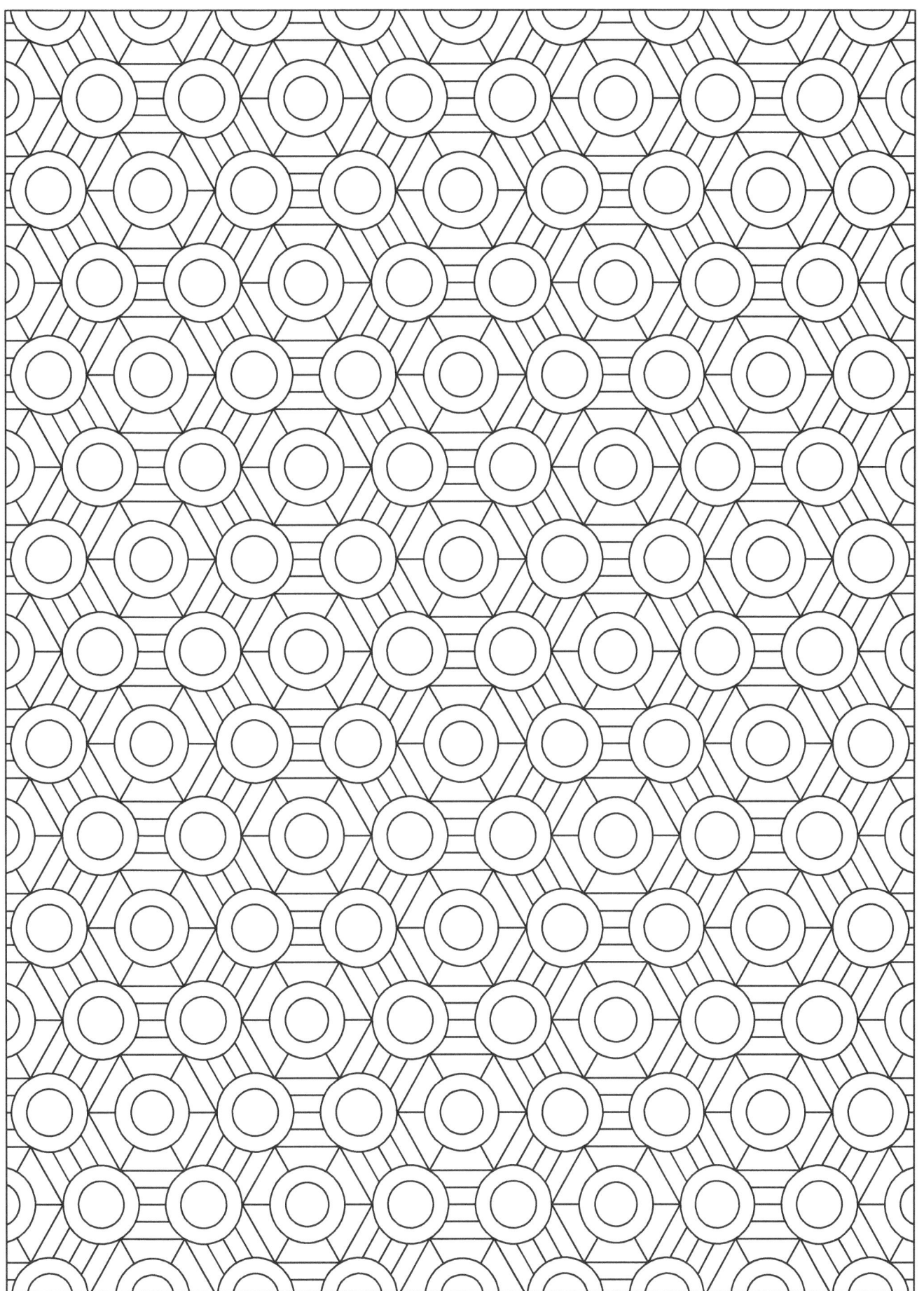

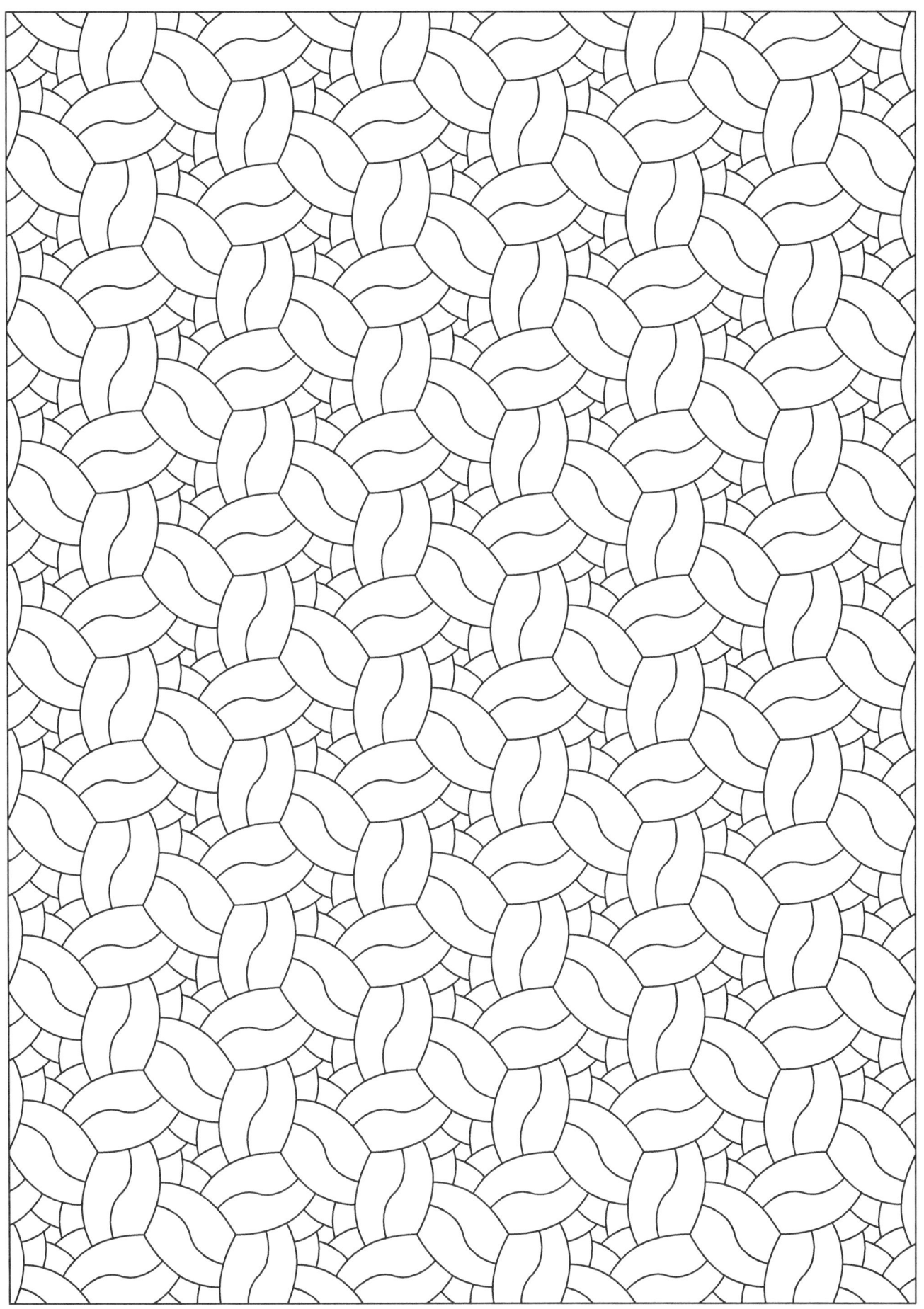

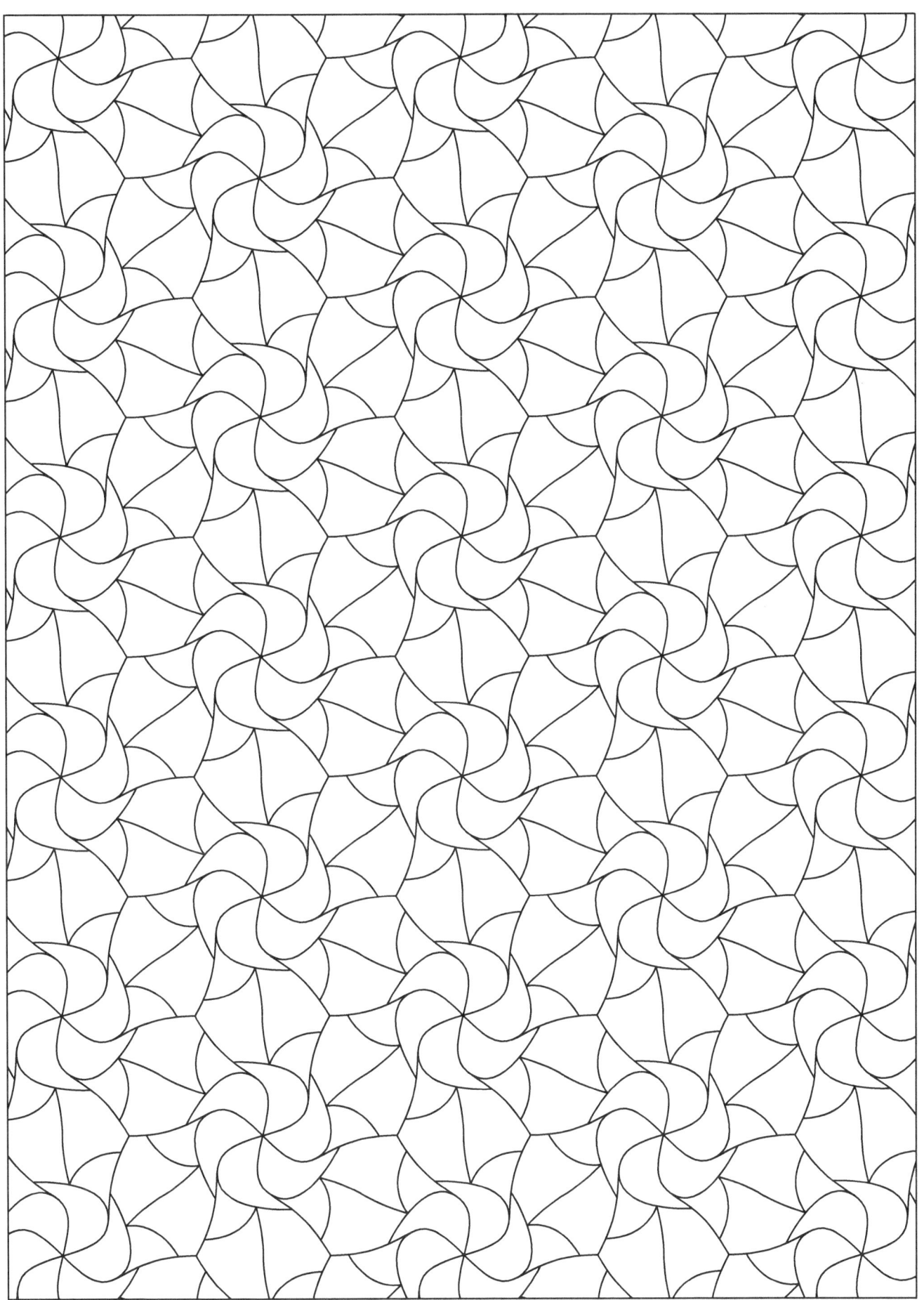

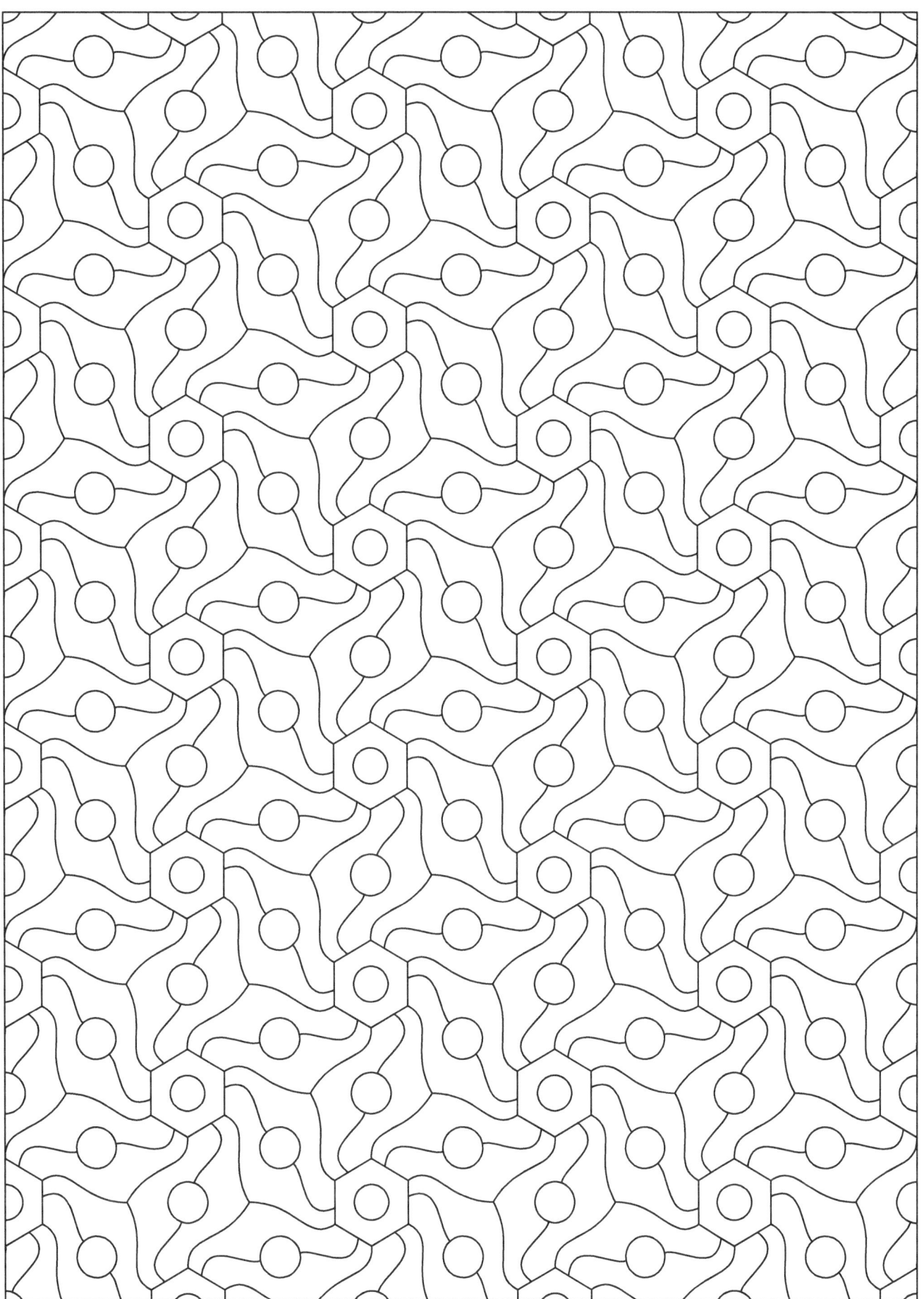

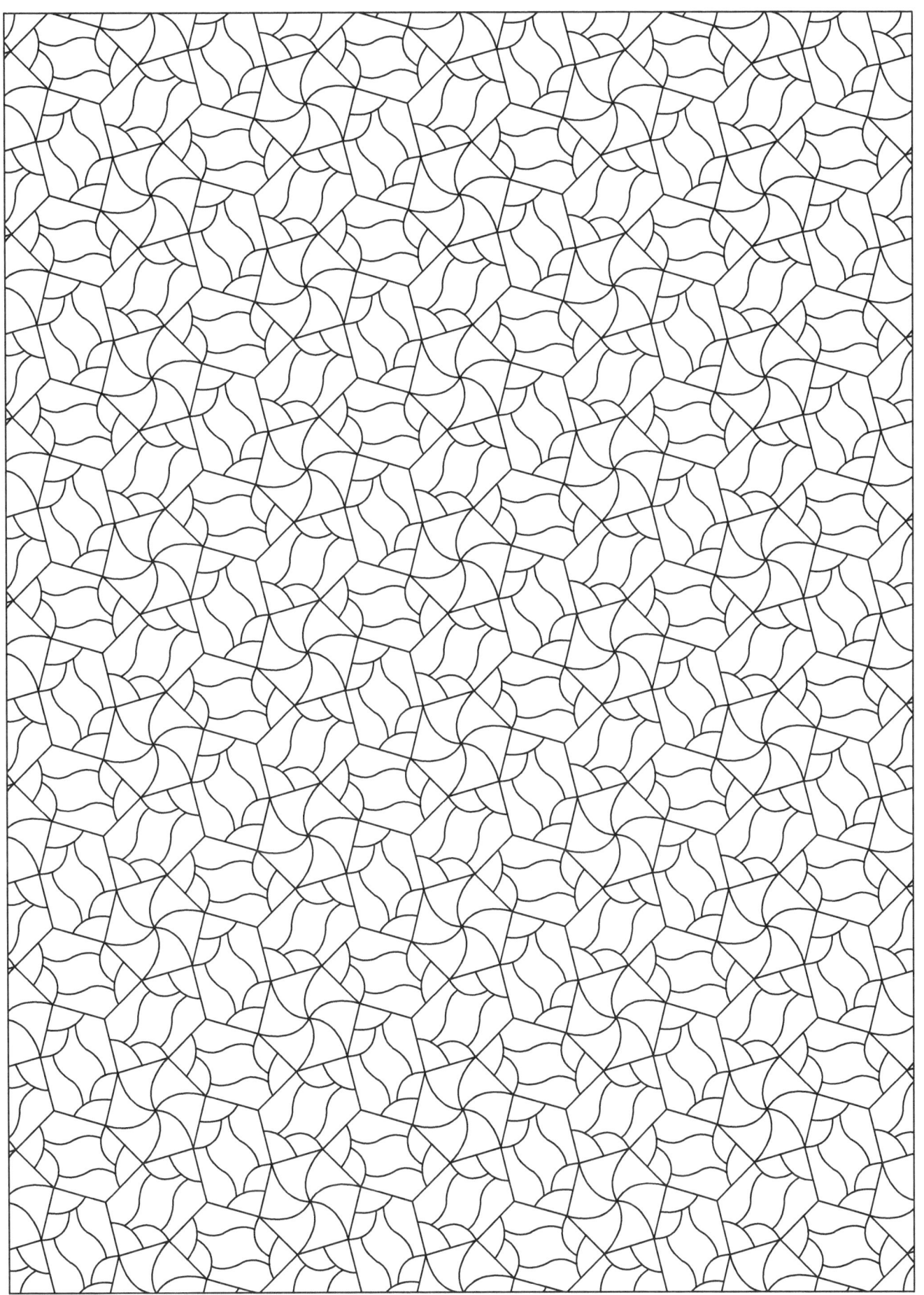

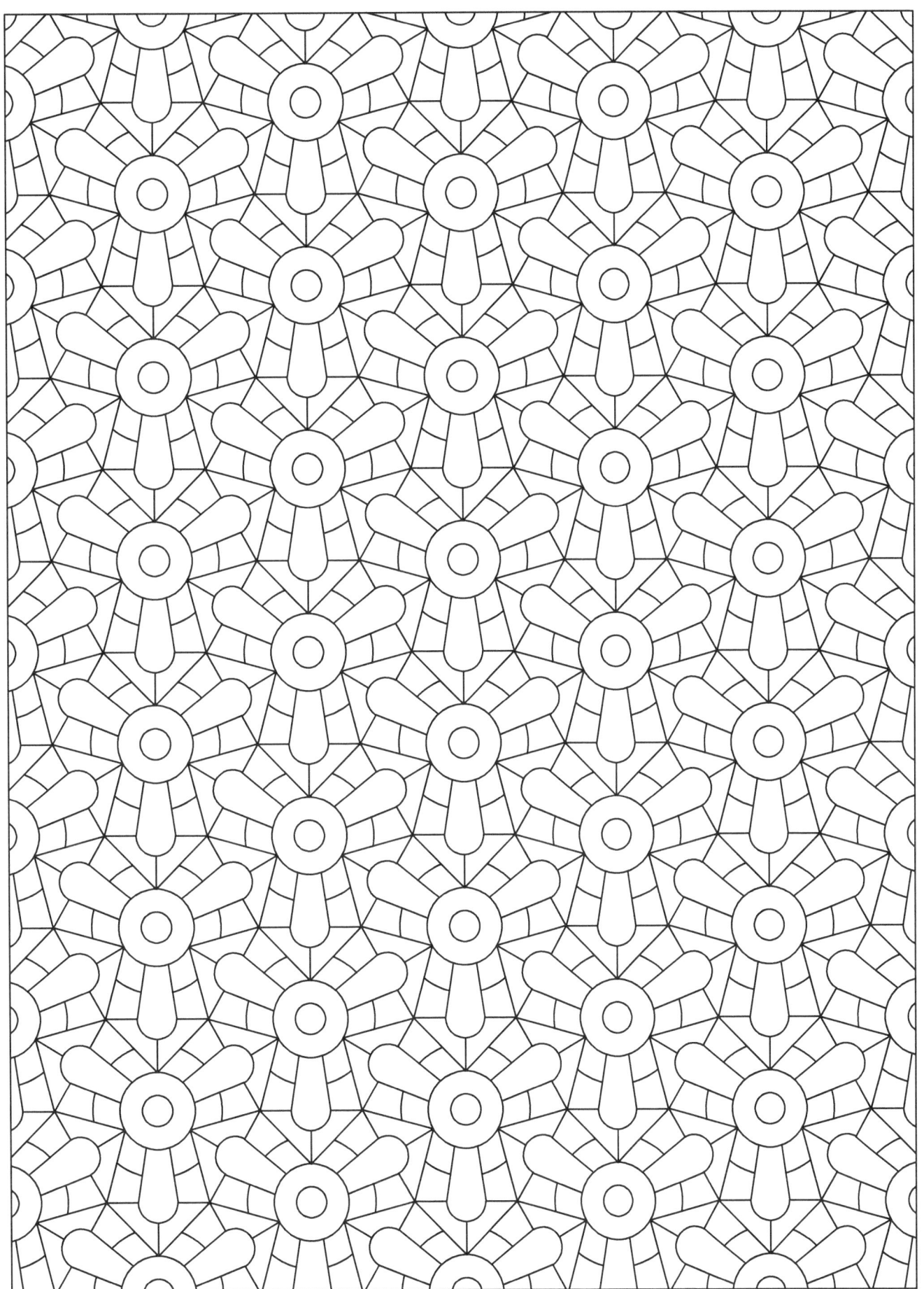